Sharmake S Ibrahim

Best Strategies for Penny Stocks Trading

Also, AI, Crypto, and Blockchain Somali and English

Soomaali Wayn

Guideline

iv

What is a Stock Market?

I have worked hard and tirelessly nonstop to ensure a change in how Somalis work and think. I may only reach some of them, but I will provide to deliver this information as much as possible. This book will be an educational tool and not a financial advisor. A stock market is a place where shares are exchanged between traders, from companies to individuals interested in owning part of the company. There are three different ways that people can own shares in a company. If a person buys a stake in a company and expects to keep those shares for a long time. (For himself or his children), that is, investing in a company. Second, an investor can buy a share of a company to increase his income for a short-term investment immediately. Third, an investor might buy shares from companies but is not willing to hold those shares for a long or a short time. Instead, he is only trading. Trading means buying and selling (or shorting and covering) for only a day, week, or month. These types of investors are traders, and this book will focus on twelve strategies for traders to profit and prevent losses. This book will explain advanced trading tools and methods that work in the current stock market.

The essential rule for any trading or investment is to get out (selling if you are in a long-term position or covering if you are in a short position. Suppose there is terrible news that indicates that the company's profit expectation will drop or good news that could spike the share price. That is when you are a long- or short-time investor. An investor also

1

needs to understand how the media works. The media sends signals to two different groups of people. The first group comprises "normal folks," who watch the news but at the same time have stock-shares from companies. The second group that cares about information includes experienced and wealthy individuals who buy stocks when the report is unfavorable. For example, professional investors or traders usually buy when everyone is panicking and selling out because of their lowered expectations. It is crucial to understand where the world is heading. I will interpret this book into the Somali language to make sure those who do not understand this language will not feel left behind.

According to stock market experts, you must be able to afford to lose your entire investment. Ninety percent of the time, you must expect to approach a complicated situation resulting in huge losses and frustrations. As I write this information, I have already invested countless hours, days, and months to find these legitimate strategies, yet I am, was, and will be optimistic. In business, if one loses investment money, we call it a lesson. We learn from our mistakes and improve our strategies. Any investment and startup business expects to lose ninety percent from the overall perspective. Ten percent of the people dare to create a new business, and nine percent will fail in the first four years.

On the other hand, ninety percent of people fail because they never tried to conduct business. Similarly, ninety percent of traders lose money because of a lack of education and emotional executions. I will work hard not only for myself but also for those from my country, for us, all to be in the ten percent who win. My intention is not to dictate information and strategies, but instead, I will help you understand what is suitable in the current world and where we want our children to be in the future. In addition, I expect you to do more than I do, think better than I do, and help faster than I do to achieve our objectives.

Before I start explaining these strategies, let us understand the current stock market, what is a stock market, and what we need to do to be a part of this movement to enhance our general understanding. However, it does not mean one should invest or place a trade; rather, it conveys general knowledge. What I meant by "current market" is that the market has developed, and whoever placing trades is the one who needs to adjust. For instance, if one wishes for an investment, he must gather the most essential intel to hope for a reliable outcome. That will inherit the person thinking with or without the box. Similarly, the machines or the AI who analyze any or a particular stock will also need someone who first scripts the data to navigate a proper move. In my first months, I taught myself how to trade, I focused on only three categories health, medicine, and technology. By your investors' time, you may need to narrow your strategy by asking questions like where we are heading to. For example, AI and anything related to space will be skyrocketing in the coming years. Let's not forget in the health sector, new vaccines or medications will also be crucial to watch.

Somalis

First, we need to acknowledge who we are and our situation. As Somalis, we came from a country divided into five parts, and those five parts all came from either physical or mental slavery. Yet, we are still living as a group one hundred years later. Due to this slavery, we had to flee from our country to support our parents and ourselves. Unfortunately, we have done nothing except become hopeless and part of modern slavery (refugees). We have become undeniably happy to accept Aid from governments and rely on their assistance. We have lost our dignity and have forgotten our integrities and identities. In addition, we are comfortable settling for low-paying jobs, food stamps, and useless free housing. Although we are good people when it comes to helping each other and holding one another, I am writing this book to say it is not enough. We can do more and must do more. We need to establish better lives and a new reputation to reclaim who we are. We need to become part of the new business model with investments such as the Stock market, gold traders, Silver, Bonds, Foreign exchanges, Blockchain enthusiasts, and Artificial intelligence (AI) investors, which means our money will work for us. We must change the lousy picture we have developed over the last three decades. We must adopt a new modern lifestyle and technological economy that is more advanced and complicated. I will try my best to elaborate and elucidate to utilize fundamental and simple English, which will help everyone understand.

Why Need Changes?

Why do we need changes? The answer is simple. We live in a time where the entire global financial system is shifting from human labor to robotic labor. We, as Somalis, have been left behind for decades because there was not enough proper education that provide information to deliver to our societies, and we were always the victims of those catastrophes. This time, we will not be a victim of future incidents. This time, we will prepare when the world becomes more challenging to get a job, and AI takes our jobs. Futures means Trucks, warehouses, and assistance workers will be replaced by robots who will become the following workers. Blockchain technology is another thing. Blockchain will replace the need for bankers and third-party entities. You may not believe this, but there were clear indications even five years ago when we called the banks. Humans used to respond to phone calls. Now we talk to machines and mostly solve issues without human interaction. We can also see that all cashiers will be replaced by self-serve machines. What happens when the (what I call) "Ultimate Slavery" occurs—even if you have a Ph.D., you will not be able to get a job. You will be forced to do what the authority wants, and governments will open more prisons because the more jobs we abolish, the more crime will increase.

What is the solution? The solution is to be part of the changes and be the owners of that AI. We want to change our financial system from work to investors. That will result in us becoming millionaires and billionaires, and we will not even worry about the next step. It will help not

5

only individuals but also our country, people, and the next generation. If your father neglected to focus on your future, today is your time. Today's decisions will either help or destroy your children's lives. You will lead them to "Ultimate Slavery." In the end, it is not essential who am I and from which part of Somalia I came. What is critical is the message that I am delivering. Again, the beginner level of the English language in this book will be designed so that everyone will understand. I will focus on the penny stock sector (with prices ranging from $1.00 to $5.00), which looks simple and profitable but is very tough. I will give examples and pictures. We will develop our investment strategies for penny stocks or more extensive stocks if we understand the overall concept.

Penny Stocks

Penny stocks are companies that trade below $5.00 per share. These stocks are for small and mid-sized companies with a small number of employees and sometimes only an idea, not an actual item for sale. Trading in the stock market is always risky, and trading penny stocks is more dangerous because of their volatility. Nevertheless, trading has become hugely beneficial in this modern society if you understand the market and have well-developed strategies. Years ago, trading occurred only with Traders who exchanged shares and other equities. In these modern days, there are Robots and Automated computers that use Algorithmic mathematical systems. At the same time, some Traders use advanced tools to execute shares. Due to that, we are trading amongst Traders, who are either long-term or short-term investors, and highly professional day traders (Day traders buy and sell during the same day—also known as "shorting and covering") amongst Machines. Knowing and trading strategies will help you understand what other people are thinking about, including robots and machines who also execute trades.

Every morning traders wake up; they plan to accomplish five things. First, they read the financial news to learn. Second, they want to buy shares from certain companies for long-term investment. Third, they also want to buy stocks for short-term investment. Fourth, they want a "trade long position" (buying and selling on the same day). Finally, fifth, they want a "trade short position" (where traders sell what they do not have—they borrow it—and then repurchase it to cover on the same day).

On the other hand, machines and robots do the same thing faster and more accurately than we do. However, human traders who have this plan are professional traders. There are also ordinary folks who have the idea to trade or buy stocks to prove their trading strategies eventually. Many of those people do not know where to start or even what the stock market is. We must sometimes take risks. My mission is to show you the path. You must be flexible in the financial trading sector. Finally, you will improve your strategy.

Common Knowledge of Trade

Plan: You must have a clear plan before you execute a trade.

A. You must decide whether you want a Short (sell high-price buy-low price) stock or a long (buy low-price, sell high-price) stock.
B. You need to have the ability to read and understand the chart or the overall picture of the stock to know which strategy is fit.
C. You need to know what pattern you want to use and why. If it is not working, what is your next plan? Or what fits the chart you see?
D. Finally, you need to afford and be willing to lose your money and get out of the stock market if you are wrong, which will save you.

Market caps

Market cap is the total money for the companies publicly trading in the stock market. These market caps will be divided into two different categories, small and big caps. A big market cap is usually good for long-term investment, while trading is suitable for small market cap companies.

Float

Float is the number of available shares for trading restricted shares plus held shares, minus the total outstanding shares. That is what is known as float. Held shares are constitutional, or employees were holding stock shares. Restricted shares are either security exchange halts or temporary restrictions. The restrictions may be long-term or short-term.

Tools to Trade

To trade, you need to open a trading account with companies such as TD Ameritrade, ETRADE (suitable for long-buy and sell), CenterPoint (thirty thousand dollar minimum), or Trade Zero (free commission and ideal for short, sell high and buy low). Next, you need to have a minimum of twenty-five thousand dollars to be able to day-trade. PDT means you can execute the same stock multiple times during the day. If you do not have that money, you can still trade by holding the Stock overnight. Holding stocks overnight is very risky. You can also execute three stocks for five business days. This rule of maintaining at least twenty-five thousand dollars in your account is called Pattern Day Trade (PDT). If you do not have that amount and try to get in/out of a specific stock, your account will restrict for ninety days. However, some brokers may not require that amount to become a day trader. If you live in countries other than the U.S, you are not required to have a PDT.

Markets

Markets are where the companies are listed to trade in the stock market. Some of the calls are the Nasdaq, New York Stock Exchange, and American Stock Exchange. Because of their legitimacy, some companies cannot list in big markets, so an Over the Counter is available to trade. Most penny stock companies deal under the OTC, but many companies are in the big markets. Due to manipulation and volatility, I do not trade OTC stocks, and I like to play it as safely as possible.

Stock Earnings and News

Stock earnings and news are essential for potential day traders and create volatility for specific stocks. Earnings are stock gains in a particular period or funds that they received from other companies. They can also be Securities and Exchange SEC filings or FDA- Federal Drug Administration. However, stock news is different because the company can either report bad news or good news. If the information is suitable for both short and long, this is good for traders. If the word is terrible in the short term, this means the stock is more likely to go down because of the selling pressure that occurs.

Volume and Dollar Volume

Volume relates to how many shares are traded at a specific time when sold or bought stock shares from different traders' or robots' hands. Dollar volume (D-volume) is the stock price multiplied by the total volume at the time. D-volume and volume are important, so an investor or a trader should always look at these figures to ensure further security for trade.

Importance of Volume

Volume is essential when trading because it will be hard to get in and out of stock you are willing to buy or short if you do not have the liquidity. For example, if you want to buy a stock but nobody wants to sell it, you will not accept it. If you're going to short or have already shorted, but you want to cover and there is no volume, it will be risky and cause a loss because of a lack of Volume. Sometimes you are in a short position, and no one wants to sell when you want to cover. It would be best to buy back those shares at any price because there is not enough volume. You will end up with a massive loss because of the low volume. Low float stocks are always risky due to the small number of shares to trade, or even because of halts, warrants, or maybe purchases may disappear and be rejected.

Market Hours

A. Pre-Market (PM): 4:00 am to 9:30 am, Eastern Time

B. Regular hours: 9:30 am to 4:00 pm, Eastern Time

C. After Hours (AH): 4:00 pm to 9:30 pm, Eastern Time

D. Best time to Short: 9:40 am to 10:00 am, 1:30 pm to 2:30 pm, Eastern Time. Shorting stocks after the market closes is risky.

Halts

Stock halts are when a specific stock has a price gap and gets a temporary suspension to correct the price difference. If an investor enters a position during this time (short or long, halts), getting out of those positions may be challenging because of the incident. However, by the time it releases, you may lose everything or owe fees charged by your broker. Be aware—if you long a position, you will lose only your investment. If you Short the stock, and the stock price spikes (goes up), you will owe money from your broker. Squeeze means the stock price goes against your target price.

Level 2

Level 2 is live quotes from different markets in which you can see multiple traders who are trading at specific stocks. You can see the bid (buyers) and ask (sellers) and the position size. I do not use L2.

Charts

The chart of a stock indicates the broad price range and the history of the stock price movement. A trader may look an educated guess to see it. Looking into the chart gives you many things through the historic movement of the chart. For instance, if one holds more shares of a certain stock, then a price spike may cause the person to sell the stock and a short seller may see the opportunity of riding with him. Similarly, if a stock looks all-time low, it will push the button to dip buy.

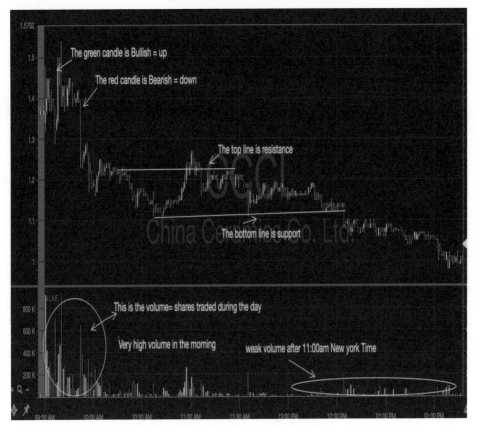

Support and Resistance

A. Support is where the price usually settles, and traders expect to risk and buy stocks, or dib-buy, or short if it is in a breakdown, which means switching the direction of the trade quickly with no hesitation. Traders call it ride with the flow.

B. Resistance is when the stock price hits a specific Priceline multiple times, and it will expect to go to that area again, which is good. If the resistance breaks, it may be a potential breakout buy. If not, go Short.

Breakouts and Breakdowns

Breakouts occur when the price of a stock breaks the resistance, which is usually suitable for shorts. Sometimes there is a strategy for buying the Breakout. A breakdown is also when the stock price drops because of a crash or bad news. The breakdown is suitable for a short or reasonable dip to buy if support because of the price tank to the floor.

Consolidation

Consolidation happens when the stock price is not moving. Both sides are up or down, but instead, it stays the same for a while. Day traders do not like consolidations because there is no price movement, and day traders make money from volatility. Sometimes if the consolidation continues, the price eventually drops, and you need to be ready to short. Usually, consolidation is a sign that there are no more buyers or sellers, which is stagnant and indicates a hard time figuring out where to enter or exit. Give time to navigate what happens at the time.

Confusing Sign

The Confusing sign is when the stock price does not indicate either up or down, and if you are short or long, it goes against your pre-trade plan.

A. Slow-moving is not good for short but to buy. It does not move.

B. The volume is dropping, but the price is not moving. No one is selling or buying. Everyone is holding, so that causes a freeze.

Watch List

You as a trader need to utilize tools such as scanners, the platform of your trading broker, or nighttime scanners such as Stockstotrade.com (monthly fee) to monitor the watch list or create your watchlist stocks.

1. Look for top percent gainers (ten to fifteen percent for buying, one hundred to three hundred percent for shorting)—some people like dollar volume and new highs (also see the Twitter news) whenever the percent gains are over a hundred percent. Only consider Shortening it because that is not a good thing to buy.

2. Check the Stock price. (Penny stock one to thirty dollars with one hundred fifty thousand to three hundred thousand PM volume or five hundred thousand to one-million-dollar Volume according to the stock price, because you will multiply the) via *Stock News*. You can check Yahoo.com or Stockstotrade.com

3. Look for the best stock movers (Tickers) with a small market cap (low float if possible) and be ready to execute.

4. Plan your trade according to which strategy you are willing to execute as a short, sell-high, buy-low, or long buy-low, sell-high. If you can get a good execution will always be the best always

5. Be flexible about changing your strategy by the time you see the chart. That will help you to do more work or the volume of the stock.

Risk Management and Best time to trade.

Risk management is an essential key factor in this volatile market. However, I will give you the most accurate time frame and perfect execution method to maximize your trade profitability. Four times are good to execute if you want to short a stock. Other than these four times, it is good to dip, buy buy, or swing trade while you are monitoring.

A. Pre-Market: before the markets open, execute 1/2 of your borrowed shares first time at 7:00 am. The reason is the stock price may go up.

B. Short at 8:00 am for the rest of the shares and get out before 8:30 am before the chasers come out and squeeze everyone who is in Short.

C. At 9:30 am, but only if the stock is PM high. Cover 1/2 within three minutes because there is always a chance that stock may go higher.

D. At 9:40 am, short 1/3 and cover within five minutes before dip buyer's pressure. Add 2/3 of your shares at 10:00 am if the price goes up to average the cost of the stock and get a suitable share price.

E. Add the last position sizing on 3/3 at 10.30 am. If nothing is working, get out and cover the position. Wait between 11:00 am and 11:30 am before lunch to ensure the stock has a possibility of selling.

F. Afternoon: Short at 1:50 pm, 1/3, or 3:40 pm, add 2/3 of your share (New York time, otherwise known as Eastern Standard Time) and cover at the market close. The time shown in the chart is for Houston.

G. Buying the stock or dip buying is the opposite time frame indication.

Buying the stock and selling

These strategies are suitable for buying stock at a low price and selling at a high price. That means you are looking for a moving price on the upside. If it is not moving, get out and study because the strategy is not working. Price stagnation will encourage you to prepare yourself for any situation you can approach while trading. Also, control your emotions and look at your position sizing to prevent any unnecessary losses.

Five Buying Strategies

A. Premarket breakout (9:00 am to 9:40 am) mostly.

B. Noon Time (11:30 am -1:50 pm) Most of the time,

C. Strong Close (3:55 pm - 4:00 pm) It may spike after hours.

D. One time at a moving breakout (can happen any time during the day)

E. Dip buys (happens every massive sell or short sell with potential buy)

These are some fundamental strategies in this current market. However, if the method does not work, the rule is to cut your losses. Get out of the stock. Always know that you can go back at any time when there is a more reliable movement. If you cut your losses when you think it is enough, you may save some money to trade for the following stock. If you do not cut out your losses, you will not Trade the next day because of your emotions. In the stock market, there is a lot of volatility (price movement). If you cannot handle it, develop your strategy, and learn in a safe way that will help you focus your method that is meaningful for your future trading.

Premarket Breakout

1. Premarket with volume means to be easy to trade. (Get in and out)
2. The stock must be a Green Day (trading day) and have some news.
3. The percentage of stock moved during PM is ten to fifteen percent.
4. Low float is good if possible. Lower float stocks move very quickly because of the small shares to trade. That will result in hast volatility.
5. A low market cap will be suitable for prices moving up so quickly.
6. Determine if there is some news, such as reports on earnings/funds/products/FDA approval from websites such as *Seeking Alpha* (something that interests investors and leads investing)
7. Obtain a clean chart and premarket consolidation (A neat chart will help buyers not fear short selling). The chart must not have highs.
8. The stock must not have initial resistance, which short sellers could short or sell before the opposition if it looks like it will double top.

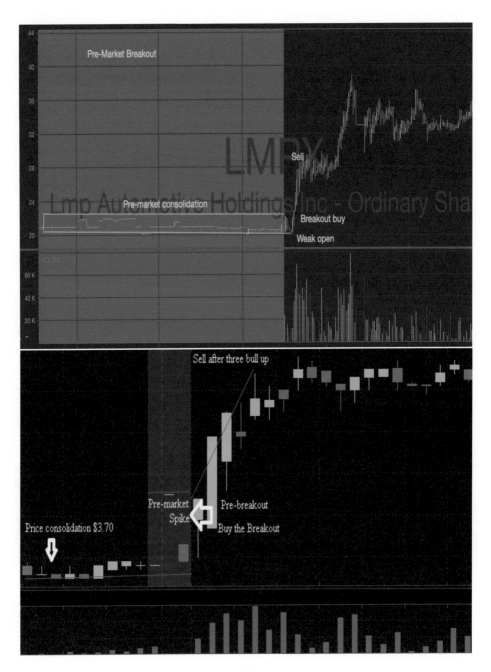

Noon Time

1. The stock must be traded in the morning. There will be more shares during the day (many traders must exchange shares before noon).

2. The stock must have big news during the day (something that interests traders and forces them to think it is potential).

3. The stock price must be higher than the open price (above the Open price, more price V than morning) in the morning and remain high.

4. There must be a low float and low market cap (which will help the stock price quickly). Very low can be easily manipulated.

5. The stock must be consolidating between hours (this shows there are more eyes on the Stock. There is no panic selling or shorting.

6. The stock must have a clean chart. A plan will prevent short sellers from shorting, and more buyers will participate in the Stock.

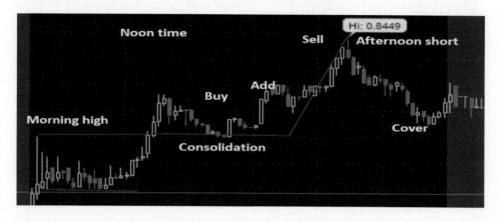

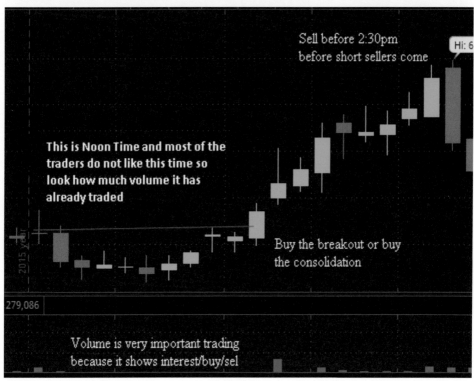

The above chart is the noon-time chart. The pattern is different from the morning; traders do not like to trade at midday. Additionally, the stock does not have huge winnings except in the short position. If the plan does not work, get out and wait. You can always get in. Like in the morning spike, if you think you missed the buy signal, be ready to short and get some profit from the selling pressure of the late afternoon. Trading Mid means, when enough people buy the stock, that pushes up the price. A substantial downturn will occur when people who want to profit from selling join short sellers who already know Selling would be. Sometimes the stock will have some bounce because the short sellers will cover. Other people knew there would be short sellers cover and would dip buy for a small gain quickly.

Strong Close

1. The stock must gap up in the morning during the open market and crash and settle resistance or hold the price in a specific area.
2. The stock must fill its spike in the market close (go above the open price or day high to indicate the Stock has a potential buying chance).
3. The stock must close higher than the open price (at the end of the day or near a higher stock price). That will designate buying power.
4. The stock must have heavy volume (this shows many people are trading or interested in this stock ticker).
5. This strategy holds the stock overnight and sells the next day (buy afternoon, sell the next morning). There is more risk involved in this strategy because anything can happen after hours or premarket.

The below chart shows many plays. You can focus on the first shorting in the morning. Every morning, some stocks open weak, then go up and come down. These moves will help your multiple strategies and increase your trade system. However, if you do not get these chances, make sure to look for a strong close. Also, most traders do not like to trade in the afternoon to sell all their positions or shares. That selling pressure will increase either to pull back or, if there is more buying power, push up and close green. Closing strong will improve this strategy, and you can also short the next day when you sell out your position. Stay calm and try to play safely. If you make one mistake, the market will punish you badly.

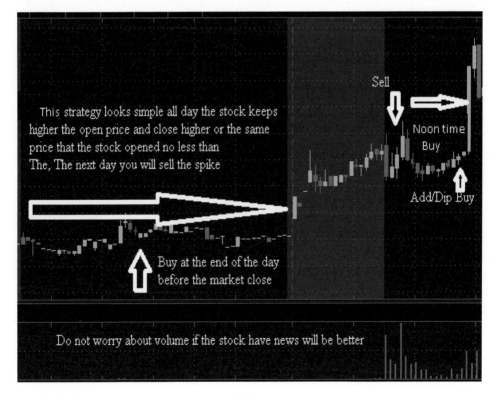

This strategy looks simple all day the stock keeps higher the open price and close higher or the same price that the stock opened no less than The, The next day you will sell the spike

Sell

Noon time Buy

Add/Dip Buy

Buy at the end of the day before the market close

Do not worry about volume if the stock have news will be better

One Time Moving

1. The stock must have a long-time chart history that shows spikes (able to spike or go up)—historically moving upside once a time.
2. Collect news (information that interests the investors and traders).
3. There is a heavy volume of trading in the morning (shows that more traders and investors are buying and selling at that specific time).
4. There is a morning spike, then consolidation above the opened price (shows strong movement). That will encourage short-time traders.
5. Low float and low market cap observed (easy to spike because of the lower shares to trade). And this will give you a quick profit.

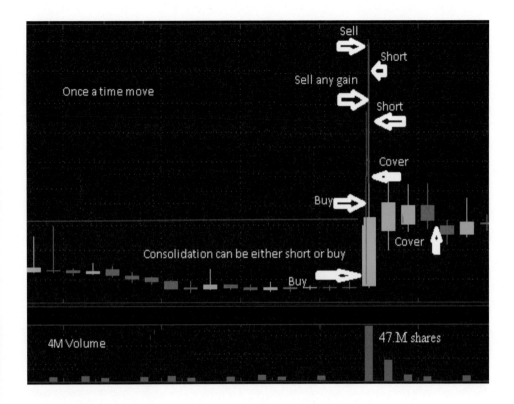

The above chart moves quickly. Due to that, using scanning tools will help you get to those breakouts. If you miss that opportunity, do not worry. If you missed the bottom, you would not miss the top. If you already missed the chance to buy the breakout, think about different strategies such as shorting. If you look at the chart, there will always be drops. Look at it this way. You have missed this but take advantage of the selling pressure and short. Then, get out quickly and cover before other traders that you both missed the bottom, but the top can consider dip-buy with possible support. There are always some opportunities you miss, but you can catch up on the other ones. If you cannot get shares too short, just go to the next ticker.

Dip Buy

1. Dip buy is very profitable but has more risk than any other strategy. For example, if the stock does not hold support, it may tank—drop its price quickly, so utilize an eagle eye to find Support.

2. The stock must have more volume and show good dip buy Volume.

3. It must have support or double support to examine the possibility.

4. It must have some form of news that interests many buyers or shorts.

5. You must choose the risk target add adding level and give a space base.

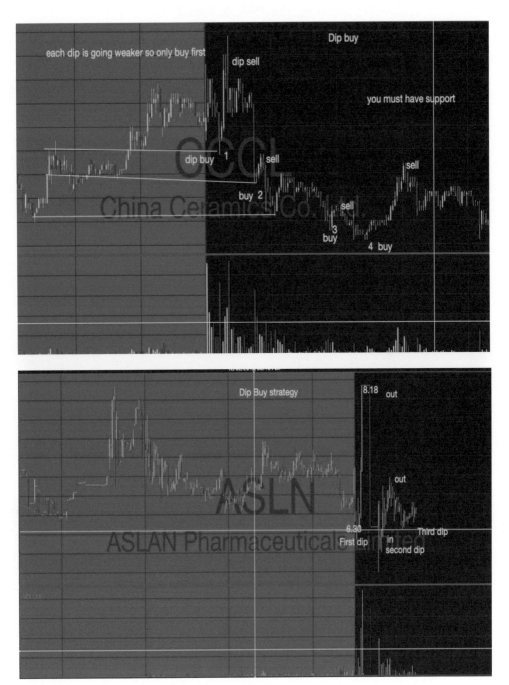

each dip is going weaker so only buy first

Dip buy

dip sell

you must have support

dip buy 1 sell

buy 2 sell

3 buy

4 buy

Dip Buy strategy

8.18 out

out

6.30

First dip

in

second dip

Third dip

Selling the Stock and Covering

Short selling means taking an opposing position and asking your broker to borrow your shares from a specific company, then selling at the same time at the same price. After that, you expect to drop the stock price and buy back to cover those shares. Shorts will cause you to incur borrowing fees. There are two different ways to do this hard to borrow or easy to borrow (usually no fees) (selling at a higher price, buying at a low cost).

Seven Short strategies

1. Parabolic short (can happen any time during the day or month)
2. Bounce Short (mostly happens after days of the stock moving)
3. First Red Day A (occurs after the second day of a small spike)
4. First Red Day B (after the second day of a strong close of highs)
5. Overextended Gap Down Short (happens after a short second day with a weak finish that means traders are thinking of panicking short
6. Heavy Resistance Short (usually the stocks are very extended, and there is no question that it will go down) even a view dollar drops.
7. Premarket Short: spikes during the Pre-market. Then, short at market open. Lower your size to have space to add to average your position).

Parabolic Short

1. A bigger market cap is good. If the stock has a low market cap, it moves up so quickly and easily manipulates most traders.

2. The stock must have a history of high-volume resistance, which you can use as a guide. That means those who got stuck in this resistance.

3. Parabolic shorts are good any time but shorting them in the afternoon is very good because all the longs will sell out before the market closes.

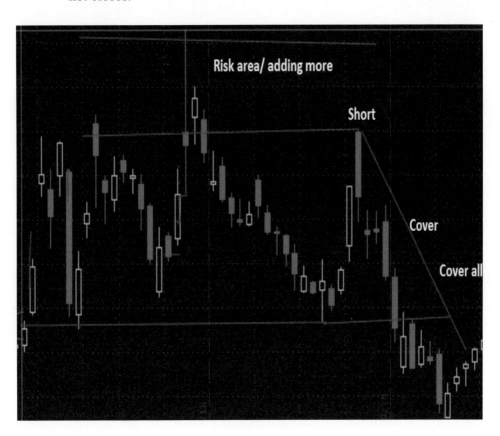

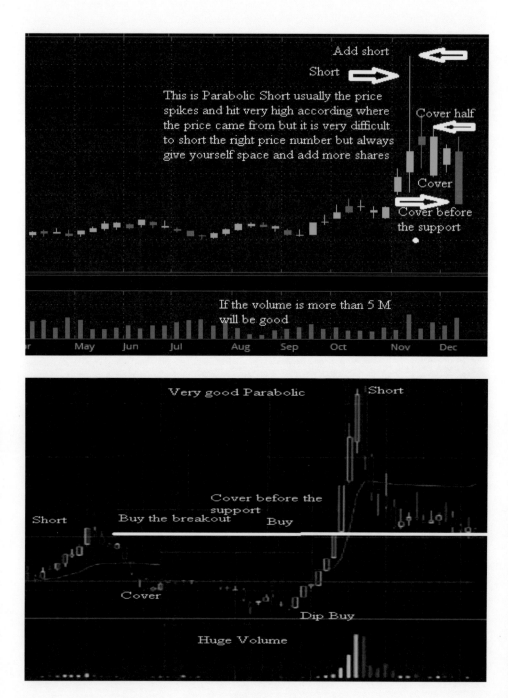

This is Parabolic Short usually the price spikes and hit very high according where the price came from but it is very difficult to short the right price number but always give yourself space and add more shares

Add short

Short

Cover half

Cover

Cover before the support

If the volume is more than 5 M will be good

May   Jun   Jul   Aug   Sep   Oct   Nov   Dec

Very good Parabolic

Short

Cover before the support

Buy

Short

Buy the breakout

Cover

Dip Buy

Huge Volume

In shorting for parabolic, you need to divide your position size into multiple entries because you never know where precisely the stock price will crash. Cut your losses if the stock goes against your trade plan and has already been added to various positions. Usually, you need to enter before it hits the resistance level in this chart. If numerous plays in the parabolic do not work, use a combined strategy, and see what is good. If you think it is not parabolic because it keeps spiking, buy at any possible breakout. If you think it is too much to chase, wait for any possible strong signal to re-short.

Bounce Short

1. The stock must have multiple historical instances of running (goes up and down as a habit). That will indicate a scenario of doing the same.
2. You need to see how much volume each spike price has (each helps look at dollar volume). That means many bag holders.
3. Heavy resistance: (will show that it is too high and suitable for short, so sellers will narrow it down and see new opportunities to short-sell).
4. The more significant the market cap, the greater the potential shorts (big market cap helps no manipulation), which means a one-way direction.

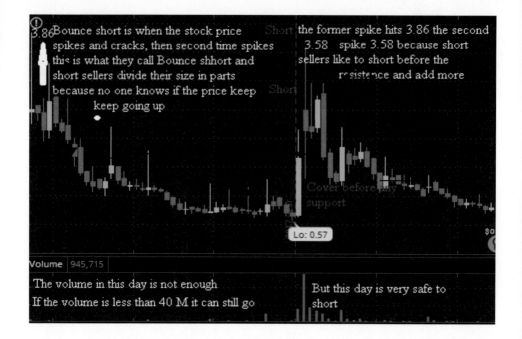

3.86 Bounce short is when the stock price spikes and cracks, then second time spikes this is what they call Bounce shhort and short sellers divide their size in parts because no one knows if the price keep keep going up

Short the former spike hits 3.86 the second 3.58 spike 3.58 because short sellers like to short before the resistence and add more

Short

Cover before buy support

Lo: 0.57

$0

Volume 945,715

The volume in this day is not enough If the volume is less than 40 M it can still go

But this day is very safe to short

A Bounce short chart has multiple plays. At the same time, traders do not hold overnight because of the potential risk involved. When you look at the Bounce Short chart, you may see the reason it keeps going down and down. Traders like to risk some form of resistance, risking price targets. If it goes up, they add. If the stock broke the Resistance, they would get out and cut their losses. At the same time, when they want to cover, they also make sure to cover before the support because they know dip buyers will come, and the stock price will more likely boost up. When a trader is going into a long position, he could lose the price value. On the short side, you could lose everything, and you will owe your broker money and additional fees. You will often receive a margin call (falling below the broker's required amount) to cover the shares, or they will automatically cover.

First Red-Day A

1. The stock must have spiked during the premarket and failed in the morning aftermarket; also, mid-day, the stock must have spiked and fallen.

2. The stock must have failed after a mid-day spike or have a weak close in the afternoon. A weak close means below the opening price or tip.

3. You also need a volume to trade (it helps a good entry/exit).

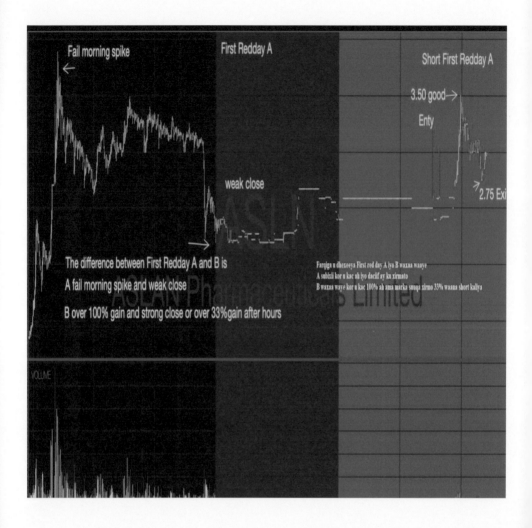

Fail morning spike

First Redday A

Short First Redday A

3.50 good→

Enty

weak close

2.75 Exi

The difference between First Redday A and B is

A fail morning spike and weak close

B over 100% gain and strong close or over 33%gain after hours

Farqiga u dhexeeya First red day A iyo B waxaa waaye
A subixii kor u kac ah iyo daciif ay ku xirmato
B waxaa waye kor u kac 100% ah ama marka suuqa xirmo 33% waana short kaliya

VOLUME

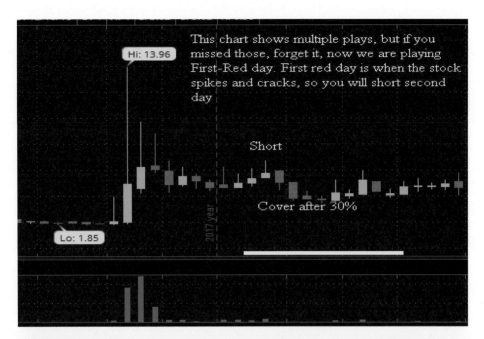

This chart shows multiple plays, but if you missed those, forget it, now we are playing First-Red day. First red day is when the stock spikes and cracks, so you will short second day

Hi: 13.96

Short

Cover after 30%

Lo: 1.85

2017 year

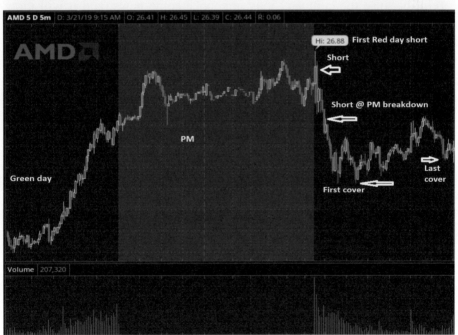

AMD 5 D 5m D: 3/21/19 9:15 AM O: 26.41 H: 26.45 L: 26.39 C: 26.44 R: 0.06

AMD

Hi: 26.88 First Red day short

Short

Short @ PM breakdown

PM

Last
cover

Green day

First cover

Volume 207,320

38

This chart is First Red Day A; however, always be aware that most stocks like to open weak, but you are not willing to buy this time, unlike in other strategies. You will be reducing the open price because you think it will likely go down. Nevertheless, if that does not happen, you should be ready to add to your position size to minimize your share price if the criteria do not work. After adding a couple of times, cut your loss and watch what is causing the lack of spike if you are still unsuccessful. First Red Day A and Premarket work most of the time but wait and learn why the pattern went against the plan. If it does the job, it is a good idea to take your gains and get out. Unlike other designs that sometimes have multiple plays, this is not based on the same strategy. The next day some people may dip buy. After you take the first gain, you will still have some shares. If you try to hold it overnight, be careful because the company may announce some news, and it will more than likely push up the price. Always think about what will happen. You can use this information to learn many things that could or should not occur. That will help you to win consistently. Even if you lose, you will learn from it. If you win, you will also learn from your trade plan.

First Red Day B

1. The stock must spike during the day by more than 100% to be able to short, or more than that to boost the possibility.
2. Conversely, it must spike after the market closes at least thirty-three percent. Both spikes help you to participate in the selling pressure.
3. There must be exciting news that grabs the attention of traders.

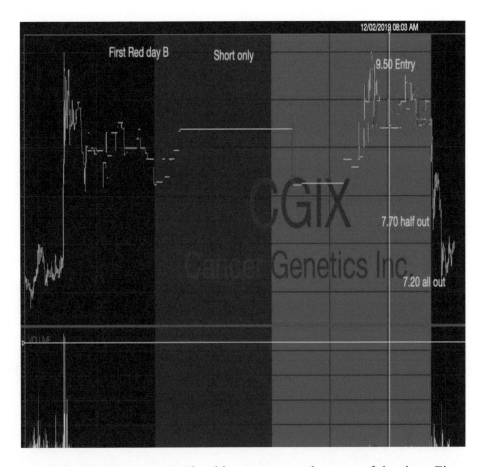

First Red day B   Short only   12/02/2019 08:03 AM

9.50 Entry

7.70 half out

7.20 all out

CGIX

Cancer Genetics Inc.

VOLUME

There are two reasons why this strategy works most of the time. First, when the stock moves over the one hundred percent gain, people are willing to sell the Stock the following day to take their profits. Sometimes the news is firm, and it may go higher than we expected, but it will eventually fail. Second, if the stock has a low float or low market cap, the stock will move up, but in the end, there will be selling, and you need to participate. Always look at how much you can lose before you enter a position to trade.

Over-Extended Gap Down

1. The stock needs a new volume and a vast dollar volume that pushes.

2. It also needs consolidation and resistance, which you look at if you can risk shortening the stock or rejecting that trade (there is a vast up).

3. It does not need to be green or red if the stock spikes hugely and consolidates. In this case, be ready to short and seize the opportunity.

4. Choose the day high or the closing price for shorting. Have a target where you want to shorten and leave space to add more average-size positions.

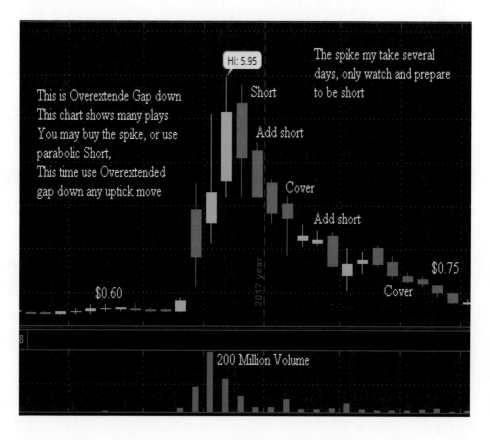

41

This pattern works in this market. However, if the stock goes against your trade perspective and looks like it was just a momentum of a spike, get out and see how high it can go. It is not only this Stock ticker; any stock tick can go against the plan. A good idea is to get out. You can get back in again at any time. This short strategy has a lower winning percentage than other shorts because of the crowding of traders who are primarily long-term investors. Overextended means the stock price goes up. If you bought a stock at five dollars a year ago, and today it reaches thirty dollars, there is no question that you are going to sell. The short sellers will take the same action and borrow.

Heavy Resistance and All-Time High Short
1. The stock ticker had traded before with heavy resistance and was tested many times at the same resistance level but never broke.
2. The stock ticker must spike and create a heavy resistance that looks hard to break. Hard to break means a colossal volume being traded.
3. The stock ticker needs a huge volume to easily get in/out quickly.
4. If the stock ticker is at an all-time high, that is also a good sign to go.

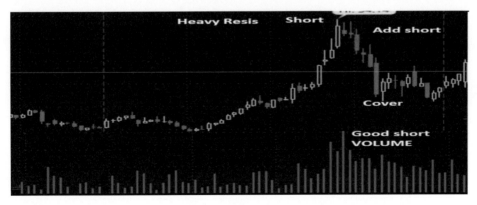

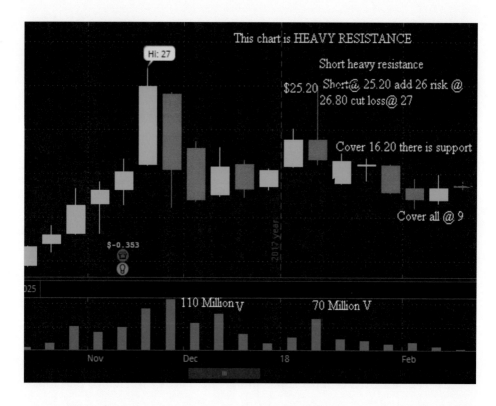

This chart is HEAVY RESISTANCE

Short heavy resistance

$25.20 Short@ 25.20 add 26 risk @ 26.80 cut loss@ 27

Hi: 27

Cover 16.20 there is support

Cover all @ 9

$-0.353

2017 year

025

110 Million V   70 Million V

Nov   Dec   18   Feb

This strategy can happen many times in either of two ways. First, the stock ticker may spike and reach a heavy resistance. It is still green but can be short because the historical heavy resistance failed, or new highs always have some bounce. For example, those traders who bought the stock are willing to sell and take their profit. That will create a crackdown. Second, the stock behavior has shown to fail after that heavy resistance so short sellers will risk the high. If the pattern does not work, get out of the position, and learn why it is not working. Continually educate yourself and do not fear losing money because it is okay for traders to lose money while trading in stocks. It also teaches a lesson.

Pre-market Short

1. The stock ticker must have a volume and dollar volume.

2. The stock must spike very high during the pre-market.

3. The stock must show a red signal before you are short.

4. Short sell: after the market opens and prepares for the re-action.

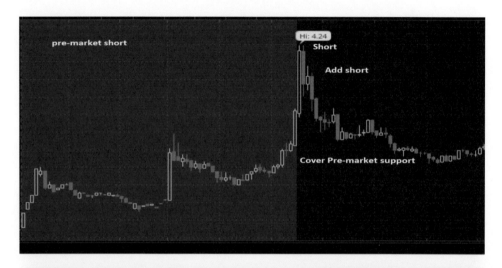

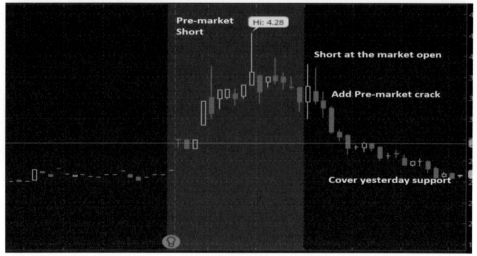

Stockbrokers & Scanning Tool

A. TDameritrade.com is good for investing and long position trade.

B. Etrade.com is suitable for investing and long-position trade.

C. US.tradezero.co is good for short selling, long, and easy to trade.

D. CenterPointsecurities.com is suitable for short selling, and long to trade.

The best scanning tool is stockstotrade.com, used by many successful traders, including Steven Dux, Tim Grittani, Tim Sykes, Tim Bohen, etc.

Web and Platform Broker Example Picture

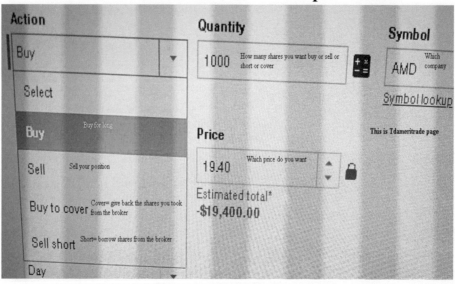

Cryptocurrency

Cryptocurrency is a financial system that uses blockchain. Cryptos are for individuals who create tokens to develop businesses. Some of those may have only an idea, while others have working products. The cryptocurrency market is a new way of owning shares from new start-up companies. Instead of buying a Share from the stock market, an investor would buy a token or coin from a cryptocurrency exchange to hold as a store of value. The cryptocurrency market has the potential to become either a legitimate market or it will fail. What we are looking for is to be aware of a move that the market economy will encounter. That will lead us to be involved in the most critical financial time in human history and be prepared. Knowing everything will not only help you to become innovative, but it will also lead you to become someone aware of who d has more knowledge and power.

Keep in mind; that this market is very fragile. It would help if you evaluated which company you are interested in for your investment. Hackers are another issue that leads to fragility in the market. Finally, the market has reached a very high position, and there is always a concern it will drop back. An investor should always read the financial news to examine what is suitable to buy and what is not. Most of the companies in this market are very small, and some do not even have an office, but you can follow them on Twitter. Some of them utilize a communication platform.

This is the chart for the Cryptocurrency for long time.

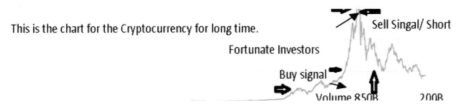

48

You can find here all the projects of the Crypto on the internet at www.coinmarketcap.com. This website will help you to get the news you need. You can also use the "Block Folio" app to track coins or tokens. Exchanges to Trade Cryptocurrency Resources, one of them is American.

A. Coinbase.com is Trusted because this is American American-based company.
B. Binance.com This Exchange forced me to sell all my equity.
C. Kucoin. is a Trusted Exchange from Singapore with strong security

Like the stock market, the crypto market needs your evaluation first to ensure you understand both the long-term and short-term trading strategies. These strategies will help you track your profit and losses. At the same time, it will guide you to expand your trading ideas and thoughts. More importantly, the crypto world is a massive investment in making money and helping and improving the economy and blockchain technology. Unlike stock market trading strategies, cryptocurrency strategies do not indicate when to sell and when to buy. At the same time, we need to understand where the economy is moving. We do not have a pure trading strategy because the market is tiny and easy to manipulate. However, you need to invest as much money as you can. There are a lot of good projects and good leaders who try to develop new technologies such as PundiX. First, you need to open an account from an exchange. Next, deposit cash, and then you can start trading or buying tokens or coins to hold for a long time. There are two ways that you can keep tokens and coins. You can buy a hardware wallet such as Ledger Nano, in which you will be able to restore your investments. Another way is to secure your trading account and keep it in your investment. Having a hardware wallet will help you prevent worthless hackers.

Always read the project before you start investing in it and try to understand what problem they will solve and how badly we need these projects. Most cryptocurrency projects are scams, and they are just trying to steal your money. I have invested in some projects in which they all claimed lost everything, and as a result, filed for bankruptcy. There is also an Initial Coin Offering (ICO). These ICOs are prohibited in most countries, including the United States. You need to watch and be careful. These companies do not care about your investment. They raise only money. Investing in multiple projects that you deem are very important at the same time is very risky. If you cannot afford to lose money, you may need to do something else. However, I am sure the only way we can improve our financial independence is to take risks. Every action that is taken at any time will have risk involved. You will be a successful trader and investor if you focus on your strategy, plan your future, and prepare for any financial crash. If you try not to invest, someone else will try, and you will become his employee. Remember, always buy at a meager price, and sell high. Be careful and learn every step. Every step you are taking is only for your future. Taking risks is not a bad idea. It may consume more energy and wealth, but in the end, either way, you will become successful by what you have invested or by what you have learned from it. However, not trying to take a risk challenge will not give you the same opportunity as those who are successful. Finally, make sure at least to try and become risk-takers.

Pundi X Charts

TRON Charts

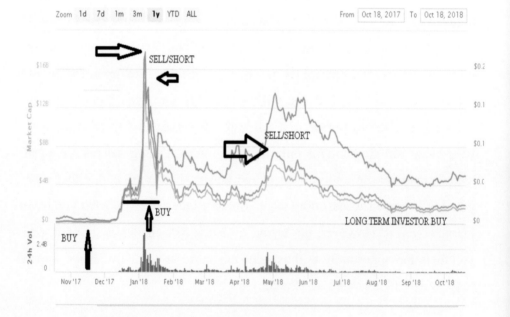

Blockchain

A blockchain is a chain of blocks that contain information. This technology was first tested differently in 1991 by researchers and originally intended to keep and restore documents. However, the first time that blockchain had practical use was when Satoshi Nakamoto invented Bitcoin. Bitcoin is a peer-to-peer network payment system that eliminates the middleman that bankers use. Blockchain is an incredible technology that could abolish or reduce any corrupt system for transactions. If the blockchain recorded information, it would become tough to change it. In addition, if you send any currencies to someone, it is not reversible. The block and chain use multiple individual computers, called "nodes."

Each block will be validated using a very complicated mathematical system of algorithms. Each block contains data, a hash, and a hash of the previous block, which changes input letters and numbers into an encrypted output. If you send Bitcoin to someone, the data will store where it is from, how many coins were sent, and who received them. Each person has their address. The block will create transactional information. If one block becomes invalid, all the blocks will reject those transactions. Also, the hash is a unique sign that the block understands. Transactions are all done by a process called "proof of work." We can also use blockchain to create a "smart contract" A Smart contract means self-governance between buyer and seller directly. For example, Ethereum is a smart contract that you can use to make other things using the blockhead. If you need more information, you can look at those who wrote more about it. I am only giving this information as a beginning tool and expect from you more.

Blockchain for Banking Usability

The banking system has been undeniably crucial for the modern era for hard-working humans. This unique banking system has improved and made it easier for people to transact money outside and inside every country. However, bankers have approached many different manners of transactions but failed. They have been working hard to accelerate and implement new systems that could be smoother and encourage our society to build and construct a financial plan that could change how we trust each other. Due to that, blockchain technology is the one that bankers are missing to reach and break those boundaries. Implementing the usability of blockchain will lead society to establish a legitimate legal framework that benefits the bankers and the customers.

The history of the banking system for money transactions has had many faces while the global economy has been growing. Bankers practice techniques to transfer money across borders and facilitate connections between other bankers in the world. Nevertheless, these tactics always have risks due to intermediaries reaching more than five different bankers simultaneously. According to Daniel Drencher, an expert on the banking system blockchain technology, "It is amazing how many middlemen are involved in seemingly simple transactions (e.g., transferring money from one bank account to another one in a different country involves up to five middlemen, which all need their processing time and impose their fees" (21). Involvement means the bankers we trusted cannot do a probable function well without the help of other institutions. Sharing personal and business information can also jeopardize customers who are unaware of all those tremendous intermediaries.

Today's money transfer system has gotten worse than ever due to the current banking system. Transactions between a bank account to a bank account or between countries/governments currently require a great deal of time and an unaffordable fee for each transaction. In addition, there are risks involved at any moment with these transactions. If the Banks encounter technical issues during bank transactions or the banking system shut down, there could be a loss of money or unavoidable delays. Karippa Bheemaiah, an expert in the financial banking system, states, "Current payment systems are subject to operational risks. If a bank or payment institution were to shut down even temporarily, all payments would need to be routed via other channels. And that could in, effect cut off the end-user from the payment system until they find an alternative." (127) These weak signals show that risks are from not only a system that is shutting down but is also vulnerable to hackers. Maintaining a well-run and safe business and banking system that improves how money transactions work should not only be the focus; it is also essential to emphasize the trustworthiness of the banking system transaction.

Bankers always seek an opportunity to be profitable in their systems and open the doors for personal interests. Bankers do not usually work equally for everyone but rather more for those who have heavy financial wealth. Bankers impose every aspect that could benefit not only the government but also people around the world. Bankers are undoubtedly investing in advertisements to encourage citizens to open new accounts. For instance, customers will receive a weekly letter that informs them of the ease of opening a savings account. This encouragement will help bankers gather money, and they will benefit themselves. Bankers have made billions of dollars from people, while poor people struggle to cover and feed their lives.

Another crucial method that bankers have recently developed for the current banking system is maintaining their power instead of improving transaction issues. As the world faces an ecosystem economic state in which the most potent dominant, bankers have gone so far as to become involved in the political arena. They mostly campaign for certain people to maintain and sustain their power. This ethical approach does not only jeopardize the banking system rules, but it will put prosperous financial independence at risk for many people. Bankers are against blockchain, but they are against any fair economic system that does not benefit them. They have been exercising these strenuous movements and will not allow equal opportunity for all the people they utilize their money to expand.

Personal interest and maintaining their power are not the only walls these bankers defend for their current system. They need to try to understand the value of this technology to criticize blockchain technology. Blockchain technology is violating an unwritten rule of the current banking system, which is not equal but rather to punish the people. They clearly say that blockchain is unsuitable for the current financial system and needs to be prevented. Bankers believe that blockchain technology will remove their economic interests and impose more financial freedom financially for others. They think that the system will be neither helpful nor reliable for their rules and eventually impact the banking system.

Slow transactions are one of the biggest problems that bankers face these days. Yet, bankers are unwilling to solve the issue because that is how they make money. Slow transaction nodes troy the reliability of the current banks' situations and cause burdensome disasters for the entire business across the globe. Tiana Laurence, a blockchain pioneer and investor in startup blockchain companies, points out that, "Slow business ranking process, such as money wires and fund settlements, can now be done nearly instantaneously [In Blockchain]. The implications for secure digital records are enormous for the global economy." (9-10) This statement indicates that sending money can be immediately done if people use and implement blockchain technology.

Contrary to the system used by banks, deploying blockchain for money transfers takes minutes from the sender to the receiver, even if they live on two different continents. Don Tapscott and Alex Tapscott businessmen and blockchain, evangelists, echoed, "Payment Settlement: Of course, on [Blockchain], you transfer funds to the owner in seconds, not days. Owners can manage security deposits more easily with smart contracts [Blockchain Technology]." (117) This information shows how this technology can save time and supports the modern business that people deal with every day. Blockchain technology is an essential technological infrastructure that could lead humans' business models to save more money and secure their financial system.

Although most people realize there is a considerable delay for each transaction within the current transfer banking system model, this problem is nothing compared to the enormous fees attached to these transactions. If an individual needs to send money across the globe, or even inside his own country, he will spend more money on fees. Before the advent of blockchain technology, no one questioned these fees which occur with every transaction. Blockchain can potentially diminish every transaction fee because it does not need to rely on a human being to physically transfer the money. The owner will be the person who can do this without the need for a centralized bank. Drescher, an expert in the banking system and blockchain technology, writes, "Since banks are centralized institutions, they maintain a central fee schedule applied to all customers.

In contrast to that, the [Blockchain] is a distributed system without any central point of control" (65). There is no need in blockchain for a central system that could impose fees. Instead, it is an independent system that uses a distribution system that does not require a principal payment or interference.

Bankers use third-party intermediaries to transfer money from one account to another and from one country to the other. Using blockchain technology will eliminate these intermediaries and narrow the chances of needing any outside involvement. These countless intermediaries not only charge fees, but they are also part of the cause of slow transactions. Nevertheless, the notion of having third-party intermediaries for the bankers shows that there is currently no trustable system that can validate all the transactions without these middlemen. However, our current technological era has created something that does not need the middlemen—blockchain. Blockchain technology does not require any third-party intermediaries, and not only that, but it is also illegal to intervene in any transactions. If the block sees any intervention, it will automatically reject the transactions until it approves the owner. Blockchain evangelist Bolin states, "Decentralized public ledgers enable secure Internet transactions and data storage without needing a third-party authority to monitor and confirm validity. They allow unrelated groups of people to form a consensus regarding the validity of a transaction independently." [sic] Instead of the bankers who consistently use a third party, blockchain technology uses nodes (computer networking without the need for a third-party entity). The first time in history that transferring money from one bank to another does not require a third-party trust. Instead, computers (through nodes) validate all the transactions. Indeed, blockchain is the most advanced technology after the internet. In addition, it will not only prevent delays from third-party entities, or even huge fees, but it will improve the business of transferring money across the world simply.

The banking system must simplify money transactions and remove a centralized system that controls one group or entity. This system may not currently seem dangerous, but potentially it represents dictatorship. The method they use involves decisions made by groups who can reject or accept your transactions or even withdrawals. Everyone knows that automatic teller machine (ATM) transactions have a daily limit that no one can exceed. If a customer goes inside the bank and requests withdrawals more than the limit, he will encounter denials or ask to make another appointment. Drescher states, "Most of them [Bankers] already exist in [the] digital form in centralized systems run by institutions that are nothing other than a middleman between natural suppliers and customers." (22). Drescher shows that bankers work within a purely centralized system that institutions manage. Using blockchain technology removes this centralized system and alters the decentralized ledger. Instead of using a procedure that humans control (and everyone is aware of how humans behave), we can apply a system that does not need the power of people. Blockchain technology will help to eliminate any form of centralization and will empower a peer-to-peer distributed ledger. According to Drescher, "Peer-to-peer systems are distributed software systems that consist of nodes (Individual computers), which make their computational resources (e.g., processing power, storage capacity, or information distribution) directly available to another. When joining a peer-to-peer system, users turn their computers into nodes of the system that are equal concerning their rights and roles." (23). Blockchain technology computers are doing the job instead of people. Therefore, no one will control the process. Those computers called "nodes." When bankers control everything—including managing the money—and they are not working that day, or their system goes down, there is no chance of transferring. On the other hand, with blockchain technology, if all the nodes shut down, but even one can be up and working correctly, the process will proceed accurately, an ecosystem that can be strong and useful.

The benefit of blockchain cannot be concluded in a one-page research paper. Most technological experts in this era believe that blockchain is one of the great technologies to ensure transactions without third-party trust. This unique technology deserves to be carefully evaluated while at the same time executed by not only bankers but in every financial sector. Ignoring the potential opportunity can result in an unprecedented catastrophe which could eventually lead to unreliable economic systems for the next generation. Blockchain technology is not only suitable for money transactions, but it can also be used for almost anything that involves ownership, such as titles for a house, car, and even a driver's license. Blockchain researcher Juels theorizes, "The legal uncertainty surrounding ownership of property is a major impediment to growth in developing economies. Were property titles authoritatively and publicly recorded on a [Blockchain], anyone could learn who has title to a piece of property. Even legitimate anonymous ownership –through a private trust – could be recorded on a [Blockchain]." This theory focuses on the importance of dealing with the right person who claims ownership of a particular property. Therefore, it is vital to implement blockchain technology that encounters complications when attempting to find the property owner that is not rhetorically written but a lifetime ecosystem.

History teaches us that studying hard and investigating results in more remarkable accomplishments than criticizing. Learning leads the bankers to explore how blockchain technology works and that it is an important step that needs to be developed. Emphasizing technology will clarify the potential destiny and expose the weaknesses that it can prevent and improve. According to blockchain researchers and investors, Yli-Huumo et al., "Blockchain is a distributed database solution that maintains a continuously growing list of data records confirmed by the nodes participating in it. The data record in a public ledger, including information of every transaction, ever completed." Bankers can transfer money from one bank to another without having the exact amount because they can transfer numbers between people. In contrast, blockchain does not allow spending the same amount of

60

money for multiple people. If one transaction is completed successfully to the correct person, you will not send the same amount of money to someone else. Rothstein states, if you tried to replicate digital coins, you would soon find out when you went to spend them, as they wouldn't be accounted for in the [Blockchain]." (3) Blockchain technology will not recognize transferring or spending the same amount of money. It will lead to an error, and the system will block the transactions.

Establishing unanimous developers who improve the technology requires blockchain technology, but it will need every new technology. If bankers organize more developers who work tirelessly to research and develop new technology, that will help themselves and the entire world. There is no doubt that this is a time of technology, with the rise of artificial intelligence, the internet, and blockchain. Denying the progress of blockchain technology will leave bankers behind and destroy the whole financial system. Instead, supporting, and guiding blockchain technology will accelerate the possibility of living on an extraordinary planet. As Bambara and Allen write, "Blockchain is secure by design and an example of a distributed computing system with high Byzantine fault tolerance." It is a problem when the world is a victim of insecure transactions and identity theft. With blockchain, the solution is to trust distributed ledgers for a computing system and preclude risks.

While bankers have an undeniable advantage for society, the negativity surrounding them must be remembered. Centralization, slow transactions, hefty fees, and intermediaries are not the main problems, but Bankers must resolve them. Development does not mean retaining power. The goal

61

instead should be to work with people to solve these problems. Hasty decisions will lead to a disastrous atmosphere. Blockchain is the potential cure for the difficulties that everyone is facing in the banking system. At this time, utilizing blockchain technology will eliminate all the problems or reduce them, but ignoring the technology may nourish the problem faster.

Blockchain Documentary

. The Blockchain and Us

. Trust Machine: The Story of Blockchain

Best Stock Trading Movies

Edison, the Man

Citizen Kane

The Pursuit of Happiness

Arbitrage

Working Girl

The Bank

Margin Call

Trading Places

Equity

Too Big To Fail

Rogue Trader

Chasing Madoff

Barbarians at the Gate

The Ascent of Money

The Big Short

Banking on Bitcoin

The Wolf of the Wall Street

Inside Job

Margin Call

Boiler Room

Margin Call

Artificial Intelligence and its Impact

Artificial intelligence, or AI, is the name given to the field of computer science and technology that concentrates on creating intelligent machines capable of simulating human intelligence and performing tasks that typically require human intelligence. AI encompasses various techniques, algorithms, and technologies that enable machines to perceive, reason, learn, and make decisions. It has emerged as a powerful force shaping human lives in various domains, including labor, aviation, military, manufacturing, machinery, physical labor, etc. AI systems aim to replicate or mimic various aspects of human intelligence, including perception (e.g., vision and speech recognition), natural language processing (e.g., understanding and generating human language), problem-solving (e.g., decision-making and planning), and learning (e.g., acquiring knowledge and improving performance over time). While AI offers significant benefits, it also poses potential risks and challenges that may adversely affect human well-being. This essay examines AI's positive and negative impacts in these areas and explores the significance of passing legislation to safeguard humans from its negative consequences.

One of the positive impacts of AI is Increased Efficiency and Productivity. AI technologies enhance efficiency and productivity in labor-intensive industries. For instance, in manufacturing and machinery, AI-driven automation reduces human error, streamlines processes, and optimizes resource utilization (Yaghoubi et al., 2020). This leads to higher output and cost savings, benefiting both businesses and consumers. AI technologies can automate repetitive and mundane tasks that humans traditionally perform; they excel at processing and analyzing vast amounts of data quickly and accurately. AI-powered recommendation systems and chatbots can enhance customer experiences by personalizing interactions. It can also optimize maintenance processes by predicting equipment failures or malfunctions. AI-powered search engines and information retrieval systems can process large volumes of data quickly and accurately. AI can optimize workflows by intelligently allocating resources and streamlining processes.

Another positive impact is Enhanced Safety and Accuracy. AI systems play a vital role in ensuring safety and accuracy in the airline industry. AI algorithms assist in flight control, navigation, and aircraft maintenance, significantly reducing human errors and enhancing passenger safety (Günther et al., 2021). Moreover, AI-powered robotic systems in manufacturing can perform hazardous tasks, minimizing the risk of injuries to human workers (Dwivedi et al., 2021). AI-powered robots and drones can perform tasks that would otherwise be dangerous for humans, minimizing the risk of injuries or fatalities. These machines can handle functions like inspecting infrastructure, handling hazardous materials, or working in extreme conditions. By detecting patterns and anomalies, AI can provide early warnings or predictions of safety hazards. This allows for proactive measures to be taken, such as maintenance interventions or implementing safety protocols, reducing the likelihood of accidents or failures. Likewise, AI has shown promise in improving accuracy and safety in medical diagnosis and treatment. AI algorithms can analyze medical images, patient data, and research literature to assist healthcare professionals in making more accurate diagnoses.

Yet another positive impact is Advancements in Military Capabilities. AI offers transformative potential in military applications, enabling faster and more accurate decision-making. Autonomous systems can aid in surveillance, target identification, and threat assessment, thereby minimizing risks to human personnel in combat zones (Gubrud, 2020). This can contribute to enhanced security and reduced casualties in armed conflicts. AI can improve military intelligence by enabling intelligent surveillance and reconnaissance systems. AI-powered autonomous systems, such as unmanned aerial vehicles (UAVs), unmanned ground vehicles (UGVs), and autonomous submarines, can be deployed for various military tasks. It can enhance the accuracy and precision of military targeting and weapon systems. By analyzing data from multiple sensors, AI algorithms can improve target identification, track moving targets, and calculate optimal firing solutions. It can strengthen military cybersecurity by identifying and responding to cyber threats in real-time. Its algorithms can analyze network traffic, detect anomalies, and recognize patterns associated with cyberattacks. AI technologies can be used to develop realistic and immersive training simulations for military personnel.

Despite these wonderful benefits of AI, there are apparent disadvantages too. One strong disadvantage is Job Displacement and Unequal Distribution of Benefits. The introduction of AI automation may lead to job displacement, particularly in labor-intensive industries. As AI systems replace human workers, there is a risk of unemployment and financial instability for individuals (Brynjolfsson & McAfee, 2017). As AI technologies advance, roles involving repetitive and routine tasks become automated, potentially affecting employment in manufacturing, customer service, transportation, and administrative work. The introduction of AI can create a need for workers with new or enhanced skill sets to work alongside or in collaboration with AI systems. This can pose challenges for individuals who need to upskill or reskill to remain employable in the evolving job market. The benefits generated by AI advancements may not be evenly distributed among individuals and communities. In some cases, deploying AI technologies may primarily benefit those who own or control the AI systems, leading to increased economic inequality.

Another disadvantage is Ethical Dilemmas in Military Applications. The integration of AI in military operations raises ethical concerns. The development of autonomous weapons systems raises questions about the loss of human control and the potential for indiscriminate use (Boden et al., 2020). Developing and using autonomous weapon systems, known as "killer robots," raises significant ethical concerns. These systems are designed to operate without direct human control, which can raise questions about accountability, compliance with international humanitarian law, and the potential for misuse or unintended consequences. The use of AI in military applications raises questions about responsibility and accountability. Who should be held accountable for the actions and decisions made by AI systems? If an autonomous weapon system makes a lethal mistake, who bears the moral and legal responsibility for the consequences? Establishing clear lines of responsibility and accountability in AI-enabled military operations is an ongoing ethical challenge.

In addition, AI's risk to security and Privacy is a disadvantage. The widespread use of AI systems entails significant security and privacy risks. AI algorithms often rely on vast amounts of personal data, raising concerns about data breaches, unauthorized surveillance, and privacy infringements (Schmidt & Wagner, 2020). AI systems often require access to large amounts of personal data to perform their tasks effectively. This raises privacy concerns, especially if the data is not handled securely or used in ways individuals did not consent to. AI technologies can be used to create highly realistic synthetic media, including deep fakes-manipulated videos or audio that appear authentic. Deepfakes have the potential to deceive and manipulate individuals, leading to serious implications for security, public trust, and misinformation campaigns. AI-powered surveillance systems, such as facial recognition or behavior analysis, raise concerns about unauthorized surveillance and invasion of privacy.

However, laws, rules, or regulations for measurement are crucial to mitigate the potential negative impact of AI. Such measures include Job Transition and Reskilling Programs. Governments and industries should implement comprehensive job transition and reskilling programs to equip workers with the skills necessary to adapt to the changing labor market. This will facilitate their transition into new roles that complement AI technologies, reducing the negative impact of job displacement (World Economic Forum, 2020). These programs typically involve a range of initiatives and policies that aim to facilitate the transition of workers from jobs at risk of automation to new roles that are more resilient or in emerging industries. The primary objective of such programs is to enable individuals to acquire the skills and knowledge needed to secure alternative employment opportunities or succeed in new sectors less susceptible to automation. This can involve providing training programs, vocational education, apprenticeships, and career counseling services.

Another measure is Ethical Guidelines and Oversight. Legislators should establish ethical guidelines for the development and deployment of AI technologies. These guidelines should address issues such as transparency, fairness, accountability, and avoiding bias in AI algorithms. Government agencies and regulatory bodies should oversee compliance with these guidelines (Floridi et al., 2018). Ethical guidelines serve as a framework to ensure that AI systems are developed, deployed, and used responsibly and ethically. Developing ethical guidelines involves collaboration among stakeholders, including policymakers, AI researchers, industry experts, ethicists, and civil society organizations. These guidelines typically provide recommendations and best practices to guide the design, development, and use of AI systems to prevent or minimize potential negative impacts.

Furthermore, there must be Data Protection and Privacy Regulations. Robust data protection and Privacy regulations are essential to safeguard individuals' rights in the age of AI. Legislation should address these concerns by enforcing stringent data protection measures and ensuring responsible data usage. Congress should stipulate clear data collection, storage, and usage rules and empower individuals with control over their personal information. Additionally, mechanisms for obtaining informed consent and enforcing penalties for data breaches should be established (European Commission, 2018). Regulations should encourage organizations to collect and retain only the necessary and relevant personal data. They should avoid excessive or indiscriminate data collection and establish data retention and disposal policies.

Also, there should be a Prohibition of Racial Discrimination. As artificial intelligence (AI) continues to advance and integrate into various aspects of our society, concerns have also arisen about the potential for AI systems to perpetuate or exacerbate racial discrimination. It is, therefore, crucial to enact legislation explicitly prohibiting racial discrimination by AI systems. Such measures can ensure fairness, equality, and the protection of human rights in the development, deployment, and use of AI technology. These laws should clearly define and identify discriminatory practices and behaviors, outlining the consequences for violating these prohibitions. This legislation should apply to AI systems used in the public and private sectors, ensuring comprehensive protection against racial discrimination.

In conclusion, while AI brings immense potential to positively transform human lives, it poses significant challenges. Legislative measures are necessary to protect human interests in domains such as labor, aviation, military, manufacturing, machinery, and physical work. Through the implementation of legislation that promotes ethical practices, ensures job security, and protects privacy, society can harness the benefits of AI while mitigating its negative impacts.

Best Artificial Intelligence Movies

A.I. Artificial Intelligence

EX Machina

Minority Report

I am Your Man

The Social Dilemma

I, Robot

Qaybta Af Soomaaliga

Garashadda guud ee Stock Marketka iyo sida loo Trade gareeyo ama looga shaqeeysto suuqaan baaxada wayn leh.

Marka hore aan gogol xaarno suuqa xorta ah ee lagu magacaabo Stock marketka. Sayladaan waxaa lagu kala iibsadaa ama la isku dhaafsadaa saamiyada shirkadaha. Wadamada horu maray ayaa shirkaduhu uqaybsamaan laba nuuc oo kala ah Shirkad dad badan ka dhaxeeysa oo saamigeeda laga gadan karo ama laga iibsan karo barta internetka waxaana lagu magac dhabaa shirkadahaas kuwa ka dhexeeya dadka. Kuwa kale ayaa jira oo lagu magacaabo shirkadaha goonida ah waxaana u badan dadka Soomaalida , Afrikaanka iyo sidoo kale Carabta. Tusaale ahaan, Soomaaliya waxaa ka jira shirkado ka dhaxeeya dad qoys isku ah ama saaxiibo ah balse lama wadaagaan dadkale. Sidoo kale waxaa jira shirkado ay lee yihiin dad gooni ah sida qof iyo shirkad. Hadaanu soo qaadano shirkada Hurmuud oo kale waxaa lagu yaqaan in ay tahay shirkad ka dhaxeeysa dad badan oo isku darsaday lacag mar walbana dad ayaa ama gata ama iska gada saamiga ay ku lee yihiin shirkadda. Yeelkeede, wadamada horu maray waxaa ka jira suuqa barta internetka looga iibsado lahaanshaha ama wax ka yeelashada shirkadahaas aan gooni isku taaga ahayn, suuqaasna waxaa lagu magacaabaa Stock Market. Sayladaha nuucaan ah ma ahan kuwo kaliya u shaqeeya is dhaafsiga saamiyada shirkadaha laakiin waxaa kale oo jira adeegyo la mid ah oo lagu kala gato suuqaan. Waxaa ka mid ah lacagaha qalaad, dahabka, qalinka, Bondka, luulka iyo wax yaaba kale oo badan. Gadashada saamiyadaas ayaa waxa ay u qaybsamaan nuucyo kala duwan oo aan ku soo gudbin doono buugaan. Dadka qaar oo iibsada lahaanshaha ama wax ku yeelashadda shirkadahaas ayaa kala rumeysan fakaro ay ku cabirayaan maal galintooda. Qaar waxa ay ku taamaan in ay gataan saamiyo badan, dabadeedna ay hayaan ilaa iyo mudo dheer ayaga oo ku taamaya in ay dib u iibiyaan kana helaan hanti badan iyo kororsi. Halka kuwa kale ay ku taamaan in ay u maal galiyaan caruurtooda xili dheer, waxaana lagu magacaabaa kuwaan maal gashatada xiliga dheer.

Dad waxaa jira ka gadisan dadkaa oo lagu magacaabo maal gashatada xiliga gaaban kuwaas oo gata saami shirkad kadib marka ay garwaaqsadaan in uu dhici doono isbadal dhanka dhaqaalaha ah muda yar kadibna way iibiyaan. Waxaase jirta qolo saddexaad oo ka gadisan laba-dii hore oo ah kuwa aynu ku lafa guri doono buugaan habka ay lacagta uga sameeyaan suuqaan oo lagu magacaabo Maalinle yaal. Dadkaan lagu magacaabo maalinle yaasha ayaa iibsada saami shirkadeed si isdaba joog ah ayaga oo uusan qorshohoodu ahayn maalgashi balse isla markaba iska iibiya inta lagu guda jiro maalinkaas oo ay ka sameeyaan lacag aad uba-dan dhaqaaqa shirkada haday kor u kacdo ama hoos u dhacdo. Dhaqaaqa shirkadaha ayaa waxaa loola jeedaa sicirka la iibiyay saamiga xiliga la joogo ayaa ama kor uga kaca ama hoos uga dhaca intii markii hore lagu iibsaday, sidaas darteed ayay ka sameeyaan lacago badan. Buugaan waxaan xooga ku saari doonaa Toban iyo laba nuuc oo ay dadka maalinlaha ah uga sameyaan lacag suuqaan ayada oo aan xooga iyo itaalka iskugu geeyn doono kala dhig dhigidda iyo cadeeynta qoraalkeeyga. Ayada oo ay sidaas tahay waxaan sii farmuuqayaa hadii aad tahay qof neceb qasaaraha balse aad dooneyso in aad maal galin ku sameeyso shirkadaha qaar, waxaa kuu haboon in aad noqoto maal galiye xili dheer suga waxa ka soo baxa saamiga aad ka iibsato shirkadda. Inta aadan sameeyn maalgashi xili dheer waa in aad fahantaa shirkaddu waxa ay qabato isla markaana aad aqriso war bixin dhaqaaleedka sanadlaha ah ay soo gudbiso. Waxaase intaas oo dhan ka horeeya in aad tahay qof u diyaarsan wax walba oo dhaca aadna waliba diyaar u tahay qasaaraha kaaga imaan kara dhan walba, midaa oo kugu hogaamin doonta dulqaad.

Qaadashada qatarta iyo ku dhiirashada wax aadan aqoon ulahayn waxa ay kaa sooceeysaa dadka waxaana ku hormara maskaxda. Baqdinta iyo dib u gurashadu waxeey kugu danbeeysiin doontaa in aadan ka korin shaqaalo bili aadan. Inta aanan sii guda galin iftiiminta warka ku saabsan arimahaan, waxaan tooshka ku iftiimin doonaa wax yaabaha qofku kala kulmi karo shaqada nuucaan ah. Dadka ku cusub shaqadaan waxa ay lumiyaan lacago aad iyo aad u badan halka kuwa qaar ay ku hanti beelaan kuna waayaan wax allaale wixii ay xoolo kalahaayeen. Halista uu lee yahay suuqaan ayaa dadka ku xeeldheer ku tilmaamaan in ay tahay boqolkiiba sagaashan in dadku ay ku qasaaraan sababo la xariira aqoon yari. Dadka maalgaliya shirkado kana iibsada saamiyo badan ayaa mararka qaar waxaa dhacda in meeshii ay ku iibsadeen meel aad iyo aad uga hooseysa ay dib iskaga iibiyaan kana qaadaan madax xanuun iyo dhibaa-tooyin dhaqaalo. Kuwa kale oo aan waxba maal gashan ee ah Maalinle yaasha ayaa ayaguna lumiya hanti aad iyo aad ubadan kadib marka sida ay wax u maamiyaan ay wax u socon waayaan. Hase ahaatee waxaa loo baahan yahay in la barto loona kuur galo wax yaabaha keena in suuqu u socon waayo meesha aad rabto si loo saxo loona hufo aqoonta aad markaa u lee dahay ganacsiga, ugu danbeyna aad ka gaarto heer sare.

Suuqaan markii aan anigu soo galay waxaan ahaay maal gashte xili dheer lacagtii aan ku bilaabayna way yareed waxaana ka sameyn jiray lacag yar marka sidaas darteed waan iska joojiyay in aan ahaado maal gashade xili dheer kadib markaan garwaaqsaday in ay dhaanto in aan noqdo maalinle. Intii itaalkayga ah ayaan si tafa tiran ugu gudbin doonaa umada Soomaaliyeed oo aad iyo aad ugu baahan shaqooyinka nuucaan ah si aan u sameeyno isbadal la taaban karo. Shaqada tan ee Stock Mar-ketka waagii hore waxaa kaliya oo qaban jiray dad, dadkaas oo ka shaqeeya gadista iyo sii gadista saamiyada. Hayeeshe xiligaan la joogo waxaa shaqada qabta Robotyo iyo Kombiyuutaro loo taba baray in ay qabtaan aqriyana aqbaarta cusub go'aano dag dag ahna gaari kara kana horeeya maskaxda bili aadanka. Marka aan u kuurgalno faah faahinta hababka kala duwan ee lacagta looga sameeyo Stock Marketka, waxaanu arki doonaa in aan rabno in aan la tartano Kombiyuutaradaas aana go'aano wax ku ool ah gaarno inta aysan gaarin horteed.

75

Soomaalida

Marka hore waxaa lama huraan ah in aan afka kudhufano cideynu nahay iyo waxa aan ku sugan nahay si aan u ogaano waxa aan u baahanahay. Waxeynu nahay dad ay ku habsatay dhibaatooyin aad iyo aad u baaxad wayn ilaa iyo waqtigii gumaystuhu uu soo caga dhigtay dalka yaga Soomaaliya. Dalkeena Soomaliya waxa u dhibane u noqday gumeystihii qaybiyay, dagaalo sokeeye iyo waliba dagaalo diimeed lagu marin habaabiyay haybteenii, dhaqankeeni iyo afkeenii intaba. Dalka Soomaaliya waxa uu gumaystihii u qaybiyay shan qaybood oo kala ah qaybta Soomaalida Galbeed oo ay ku dareen ingiriisku Xabashida.

Qaybta xigta dhulka Soomaalida-Kenya, oo ay isla ingiriisku siiyeen Kenya. Qaybta saddexaad waxaa weeye qaybta faransiisku uu gooni u goosadka ka dhigay ee la gu magacaabo Jabuuti, isaga oo uu kaga ciyaarey kana qaribay afkii, dhaqankii iyo diintii kagana tagay dhashiisii. Qaybta afaraad waxaa weeye qaybta Somaliland lagu magacaabo oo hada ah qayb sharci ahaan ka tirsan Soomaliya isla markana iskood isku taag noqday kadib burburkii dowladdii milatariga ee soomaaliya, iyagoo markii horena ahaa dadkii ka danbeeyay isku darkii qaybtii shanaad oo ah koonfurta Soomaaliya oo uu ka ariminayay gumeystihii talyaanigu, ahaana kii ugu xumaa uguna liitay gumeyste dad gumeysta.

Qaybta shanaadna waa qaybta lagu magacaabo Soomaaliya oo ah dowlad madax banaan laakiin ay ku habsatay tiih iyo maamul xumo. Hadaba si loo marin habaabiyo ummadda Soomaaliyeed ayaa qeybtii qura oo harsaneed waxaa loo sameeyay Shan maamul gobaleed oo ujeedku u eg yahay anbinta caruurta Soomaaliyeed. Sidaas ay tahay waxaa jira calankii Soomaaliya oo ah calan Baluug ah oo dhexda kaga astaysan tahay xidig shangees ah oo cad. Xidigta calanka ku taala ayaa tilmaameysa shantii qeybood ee uu gumeeystuhu u qeybiyay dalkii iyo dadkii Soomaaliyeed. Dhibaatadaas xanuunka badan oo kaliya lama itaal darraan dadkii Soomaaliyeed iyo dhulkoodii, laakiin waxaa u wehliya in ay ka dhamaan waayeen dagaalo sokeeye, qabyaalad iyo is faquuq. Taasu waxay dhashay in dadkii ay kala firdhadaan oo ay qaxooti ku noqdaan wadamo shisheeye una bataan dad gacanta hoorsada. Kuwa ka dhiidhiyey gacan hoorsigana waxay ku qubteen badaha ayaga oo uu hankoodu ahaa in ay caga dhigtaan wadamo ay ka shaqeystaan isla markaana wax ka bartaan. Cararkaasna waxa eey ka dhaxleen dil, dhac, kufsi, iyo gumeeysi. Hase ahaatee kuwii ka fara baxsaday ebtalooyinkaas kuna nool wadamada horu maray ayaa waxay wehel ka dhigteen himad yaro fakar xumo iyo meela fadhi ayadoo ay intaas u dheer tahay in ay caadeysteen tuugsiga iyo gacan hoorsiga dowladaha ay la nool yihiin marka laga reebo dad aad u yar, kuna qancaan deeqaha ay bixiyaan dowladahaas. Dadka Soomaaliyeed gudaha dalkii iyo dibada waxa ay noqdeen dad aad u hooseeya aqoon ahaan, nolol ahaan iyo mug ahaan. Shaqooyinka ay ku tiirsan yihiin kuwa shaqeeystaa waxa ay noqdeen shaqooyin aad iyo aad u hooseeya kuwaas oo xitaa aan ku filneen kafaala qaadka reerahooda sidaas darteedna ay ku qasabto laba shaqo in ay ka shaqeeyaan. Shaqooyinkaas hoose qabashadooda waxaa keena dowladaha ay la joogaan oo aan aqoon saneen wax barashada dadka iyo ayaga oo marka

77

horeba ujeedkoodu ahaa dadku in ay u qabtaan shaqooyinka wadaniyiintoodu aysan qaban. Kuwa wax bartana waxaa caado u noqotay in ay dadka ka dhex baxaan dagaana meela kafog dadka walaalahood ah kalana dhuuntaan aqoontooda iyo waxa ay fahmeen meeshii ay ka caawin lahaayeen dhabarkana ka is taagi lahaayeen. Dhashii ayaa ayaduna noqotay mid uu ka lumo afkeenii muga lahaa iyo dhaqankeenii udgoonaa oo ay daba galeen dad gaalo ah una badan Sanka Dhuudhi ayada oo ay u raacdo cabista Sigaarka, Shiishada, iyo ka faanka Soomaalinimada.

Kuwa waa weeyna waxaa widaay u noqday kobcinta iyo kool koolinta qabyaaladda iyo nin jecleeysiga isla markaana ah dugaal ay dugaashadaan waxayna joogteeyaan iskugu imaadka aflagaadada beelaha ayka so jeedaan iyo waqtiga oo ay aad u lumiyaan. Dadkii Soomaaliyeed waxaa ku habsaday musiibo aad iyo aad u balaaran oo xataa sababtay in qofna qof aaminin oo ay dadkun ku dhintaan jidadka baabuurtu marto. Dhalinyaradii dalka u soo bixi lahaydna waxay u dalaceen weheshiga iyo daba istaaga ama ku dayashada dadka shisheeye waxayna isku raaceen duminta dhaqanka iyo u dabaal daga dhalashada iyo iskugu imaatinka meelaha lagu tunto iyo cabista maandooriyaha oo ay sii wehliso ku tumashada afka Soomaaliga. Horu marka aan ka sameeynay banaanka iyo marka la is bar bar dhigo dhibta iyo tiiha iyo hinraaga aan kala kulanay waxaa badan tacadiga nagu dhacay oo ay xili dheer inagu qaadan doonto ka soo kabashada tubtaan aan qaadnay. Dadka dhalin yarada ah oo shaqeeysta badankoodu waxay kaxeeyaan tagaasida, iyo taraagyada oo ah dhakadii ugu sareysay oo aan soo taabano marka laga gudbo shaqooyinka ad adag oo aynu qabano, ama in laga shaqeeyo waardiye.

Dadkaan dhalin yaradda ah ayaa noqday kuwa ugu wanaagsan dadka Soomaaliyeed oo banaanka jooga kuwaas oo si wanaagsan u shaqeeysta isna garab qabta midba midka ow ka roon yahay kuna booriya oo ku dhiiragaliya dadka kale. Wax yaabaha igu kalifay in aan buugaan qoro ayaa ah in aan u gudbiyo walaalahayga Soomaaliyeed waxa aan dar- eemayo iyo wixii ay hooyadey, aabahey, iyo ayeydeey ay igala balameen oo ahaay dalka Soomaliya la yiraahdo in aan anaga oo Soomaali ah leenahay lana qaybiyay qof walbo oo Soomaali ahna looga baahan yahay in uu u shaqeeyo sidii laba qof aanan ka samrin kana quusan qadiyadeena ah Soomaali Wayn. Hooyadey mar aniga oo yar ayaa waxaan waydiiyay qolada aanu nahay, balse waxay iigu jawaabtay in aan ahay Soomaali waxayna ii daba dhigtay "Haku deeqdo Soomaali nimadu". Abwaankii Soomaaliyeed wuxuu yiri, "Waxa uunbaa ehel ii ah dad nimaan af aqaane si wax iila arkaaye namideeyso ujeedo" (Gaariye) Ujeedkeeygu ma ahan in aan Soomaalida xumeeyo oo wax aanan qaban ka sheego, laakin ha- dafkeeygu waxaa weeye in aan Soomaalida u sheego uma aanan dhaqmin sidii aan mudneen in aan u dhaqano. Uma ekin dad dhibaato ku dhacday. Tusaale hadaan u soo qaadano dadka la yiraah yuhuudu, waxay isku raceen kuna balameen in ay wax bartaan shaqaystaan lana wareegaan aduunka maamulkiisa si ay u hirgaliyaan dal la yiraahdo Israaiil. Anaga hadayu nahay Soomaali waa in aanu ahaanaa dad la socda aduunka, hi- madoodu sareyso wax isku fala haya oo qab leh. Waa ineeynu isku xirnaa

79

dadkeena iyo dalkeena aanu dhexda u xiranaa oo aanu ku dadaalnaa sidaan wax ku baran lahayn, waxa aan baranana aan ugu gudbin lahayn dadkeena iskuna garab istaagi lahayn, isna kaalmeyno meel walbo oo aan joogno, iyo meelaha aan dooneyno.

Dadka Soomaaliyeed waxaa ka dhaxeeya Dal. Dad, Diin, Dun, Doow, Dhul, iyo Dhaqan. Waa in aan la qabsanaa shaqooyinka nuuca ugu sareeya oo aanu garannaa waxa ka socda dunida. Ugu badnaan hadaanu isku keeni karin Soomaali wayn oo aaynaanu yaglaali karin doowlad wayn, waa in aanu ka hoos bixinaa dadyoowga soomaaliyeed doowladaha aan ku dadka ahayn goonina ay isku taagaan. Kadibna aynu noqonaa dad aan dadkale ku jirin. Soomaali nimadu ma sii jiri doonto hadaan la helin dowlad xoog leh iyo dad dhaqaalo haysta. Afsomaliga hadii aan lahubin Meesha uu ku socdo waxaa dhici doonta in ay soo baxaan afaf badan. Dalkeena waa dalka kaliya ee aynu lee nahay marka la eego sida aan ugu dhiban nahay aduunka kale sababtoo ah waxaa dib inoo dhigay dowlad la'aata iyo fakar xumada aan ku bahoownay hadaanu nahay soomaali. Hadaan dhexda xirano wax walbo aan u gacan qaadno waynu ka soo bixi karnaa sababtoo ah dadyoow anaga inala mid ah ayaa ka soo baxay oo cadeeyey wax walbo hadii tilaabo xoogan looqaado in laga mira dhalin karo. Aqrinta, qorista, iyo aqoontu waa waxa aadanuhu ku hor maro anaguna hadaanu nahay soomaali aad ayaan uga liidanaa dhankaas oo idil. Waxaan lee yahay soomaliyeey is xilqaama oo wax qabsada waxna barta madaxiinuna ha furnaado oo iska qaada humaagta.

Maxaynu ugu baahanahay is badal

Hadaynu nahay umada Soomaaliyeed ee ku nool aduunka dacala-diisa waxaynu u baahanahay isbadal dhan walba ah. Haday tahay aqoonta, shaqooyinka, fakarka, iyo aragtidaba in aan ka sameyno is badal. Wax yaabaha inagu kalifaya in aan sameeyno isbadal dhan walba ah ayaa waxaa ka mid ah aduunka oo isbadal badan sameeynaya Soomaliduna ay tahay dadka kaliya ee mar walba kadib dhaca is badalada ku yimaada dhaqaala dalalka ay joogaan iyo shaqooyinka. Aduunyadu way tilaabsaneysaa waliba ayada oo dheereynaysa waxaanu u baahanahay in aan la qabsano markaan oo aysan dhicin mar danbe in aan dib kaga dhacno dhaqaaqyada ay sameeyneyso aduun yadu. Shalay dadku haday ka fakarayeen dalbaa lagu duulay, aduunku wuxuu duulaan ku yahay Mars iyo in la dago cirka. Shaqooyinka aynu haysano waxa la wareegi doona Robot iyo mashiino casri ah oo qaban kara wax walba oo aadanuhu qabto waliba ha u badnaato shaqooyinka Soomaalidu qabtaan sida ka shaqeeynta shaqooyinka xooga lagu qabto kaxeeynta gawaarida iyo waliba haynta dadka waayeelka ah. Sida aan la wada socono shirkadda Uberka waxay kuhowlantahay in gawaaridu ay iyagu is kaxeeyaan meeshaasna waxaynu ku wayn doonaa Tagaasida, iyo Gawaarida xamuulka oo iyagu iskood isku kaxeyn doona. Shaqooyinka xoog-satadana waxaa la wareegi doona Robotyada ayaga oo waliba naga aqli badan, aan hadal celin, soona wici doonin taleefonka xanuun sheegashada oo aanan ka habsaami doonin shaqada, mushaarna lahayn.

Qaybta Codingka ama Softwareka waxaa qaban doona mashiinadaas tusaale cad hadaan idin siiyana Robodka bilcaanta ah oo la yiraah Sofiya horumarka laga gaaray in la wareysto kana jawaabto waydiimaha la waydiiyo. Intaas ma ahaan doonto waa la sii hor marin doonaa waxayna gaari doonaan heer ay xitaa iyagu taliyaan. Dhismaha oo kale waxaa la gaari doonaa in sida war qadaha aan u daabacano loo daabaco darbiyada oo aan loo baahan dad dhisa. Waxaynu gaari doonaa wax walbo oo qofku bartay in uusan heli doonin shaqo. Waxeeynu u tilaabsan doonaa in suurta gal ay noqoto in aan korontada ku qaadano iftiinka ama isku raacino hawada. Hadaynu Soomaali nahay waxa inala gudboon waxaa weeye in aanu dhexda xirano isku diyaarino horumarka socdo la jaan qaadno kana wal walno nolosha caruurta aanu dhali doono iyo kuwa ay dhali doonaan iyo meesha aanu ku danbey doono. Waxaa ina horyaala arimo aad iyo aad u adag halka kaliya aan kaga bixi karnana waxaa weeye in aan noqono kuligeen ganacsato iyo dad maal gashta Robotyada hadhow la wareegi doona shaqooyinka. Waxaan ubaahanahay in aan is garab istaagno isna dhiiri galino aanu noqono dad isjecel isna kaalmeeya. Waxaanu ubaahanahay in aynu qorno wax walbo oo inagu dhaca, aqrino wax walba oo la qoro. Waxyaabaha igu kalifaya in aan buugaan ganacsi ku daro arimaha Soomaalida iyo xaaladahooda waxaa weeye in aan ka hortagno marin habaabiska lagu hayo dhalin yarada iyo ubaxa dalka u soo koraya. Waxaana ogaataan hadaanan la qorin waxa runta ah aynu nahay inaguna waanu baabi'i doonaa iyaguna waxay dhaxli doonaan duli iyo gunnimo. Dunidu waxa ay ku tilaabsatay ma ahan hadal ee waxaa weeye fakarka iyo wax qorista iyo waliba wax yaabaha ay aad iyo aad ugu hormareen waxaa weeye qorista dhibaatada ay soo mareen si aysan ugu noqon kagana tabaabusheeystaan dhacdo danbe oo gadaal ka timaada. Buugaan waxa aan diiradda ku saari doonaa qaybta la yiraahdo Penny Stock oo ah Trade gareeynta shirkadaha saamigoodu ka yar yahay $30.00 sababo la xariira ayaga oo ka faa iida badan kuwa qaaliga ah kana qasaaro badan hadii hoowsha sida aad u wado wax iska badalaan.

Baqdinta iyo niyad jabku ayaga ayaa ah guul darada hadaan tusaale idin siiyo aniga markii aan bilaabay shaqadaan waxaan qaatay lacago deyn ah. Kadib markaan ka waayay sidii aan ku taamayay waxaan u wareegay suuqa kale oo la yiraahdo Cryptocurrency oo aan labadii bilood ee ugu hereeysay ka sameeyay hanti badan kadibna daymo kale oo badan aan qaatay si aan u noqdo Milyineer. Nasiib daro waxaan lumiyay aduun aad ubadan oo kasareeya halkii hore. Sidaas ay tahay maalina kama samrin kamana quusan ee waxaan ka sii qaaday ad adeeg iyo in aan soo saaro waxa keenay qasaaraha ilaa aan markii danbe bartay wax yaabihii qaldamay.   Buugaan waxaan ku soo gudbin doonaa waxa aan ku bartay xanuunka iyo qasaaraha iga soo gaaray anba qaadida shaqada nuucaan ah. Buugu ma noqon doono mid kugu hogaamiya faa iido badan, balse wuxuu noqon doonaa mid fura dhugaada oo kugu dhiira galiya in ad adiguna qorto wax ka wanaagsan waxa meeshaan ku qoran. Waxaad ka baran doontaa qasaaruhu in uusan ahayn luminta lacagta aad shaqeeysatay ee uu yahay isku day la'aanta iyo baqdinta aad ka qabto in aad qasaarto. In hantidu lunto cid dooneysa majirto, ee waxaa keena dhib.

83

Horumarka dadku gaaro waxaa ka sokeeya xanuun iyo dhib fara badan. Waxaa iga daal iyo tiih xarga goosto oo mararka qaar dadka gaarsiiya in ay is dhiibaan. Adkeysigu wuxuu ku gaarsiiyaa ka mira dhalinta danaha aad leedahay. Dulqaadku waa furaha nolosha iyo ka gungaarka riyooyinkaada. Inta aad aqrineeyso buugaan waxaad ku maamisaa in aad adiguna qorto mid ka wanaagsan. Dadka iyo dalka Soomaaliyeed waa in aad uga tagtaa wax dhaxal gal ah. Ha noqon qof la dhinta aqoonta aad ka kororsatay aduunkaan. Buugaanu wuxuu noqon doonaa sida aniga ay ila tahay buugii ugu horeeyey eeku qoran Afsoomaali, kana hadla Tegnoolojiga Blockchainka, Stock markedka. Ama sidoo kale waxaa laga yaabaa in ay jiraan dhalin yaro ama ciroole Soomaaliyeed oo arimahaan wax ka qoran balse aans oo bandhigin. Buugaanu ma noqon doono mid lagu caajiso, balse wuxuu noqon doonaa mid dhalin yarada dhiiri galiya. Qof walbo oo Soomaali ah waxaa lagaga baahan yahay ahna waajibaad saaran in uu sare u qaado weynaanta Soomaalida iyo karaamadeeda. Aqoontuna waa horumar wax tar u leh aadanaha ku nool koonkaan. Ifka iyo iilkaba, waxaa looga gudbaa in aa tahay qof wax bartay, midaa ayaa keenta aaya wanaagsan oo aduun iy aakhiraba lagu hodmo. Tusaale cad waxaa inoogu filan dadyowga aan u cararno dalalkooda, waxaa meeshaa gaarsiiyey aqoonta iyo horu marinta aadanaha. Inagu kuweena aqoonta leh waa dad yar, badankooduna ah dad danahooda gaarka ah ilaashada oo aan xooga saarin wax tarka dadkeena.

Penny Stock

Penny Stock waxaa la dhahaa shirkadaha qiimaha saamigoodu uu ka yar yahay $5.00. Shirkadaha ceeynkaas ah ayaa ah shirkado curdin ah oo shaqaalo yar haysta ama soo saara wax yaabo cusub badankooduna ma haystaan lacag ku filan. Qaar ka mid ah waxa kaliya ay haystaan ayaa ah in ay fikrad haystaan tusaale ahaan waxay aamin san yihiin in ay dhisi karaan in korontada lagu qaadan karo laguna gudbin karo hawada. Halka shirkadahaan qaar kamid ah ay ka helaan qandaraasyo shirkado kale oo waaweeyn. Trade gareeynta ama ka shaqaysiga Stock Marketka asaga oo marka hore qatartiisa leh ayaa Penny Stock waxa uu sii dheer yahay midaa mid ka daran oo ah kor ukaca iyo hoos udhaca oo ah mid lixaad leh laguna magacaabo Volatility. Dhaqaaqaas xooga badan aya sababi kara lumista hantidaada dhamaanteed ama badankeed. Sidaas darteed, waxa aan kugu waaninayaa in aad ka digtonaato arinkaas oo aad u dhaga nuglaato wax walba oo aad kala kulmi karto shaqadaada. Waa in aad ka baxdaa ama iska gadaa ama iska soo celisaa hadii ay jiraan wax saami ah oo aad ka haysato shirkad hadii ay dhacdo in ay kaa hor timaado habka istaraatijiyada aad adeegsatay. Taasi waxay suuro galinaysaa in aad ka hor tagto qasaaro badan oo kugu imaan lahaa ama aad qasaaraha ka dhigto mid yar oo aad ka kaban karto. Isku halaynta shirkadaha nuucaan ah ayaa keena wareer kadib marka ay socon wayso qorshaha aad dagsatay. Halisteeda haba lahaato Trade gareenta Penn Stockga, lakin waxaa jira dad badan oo si is daba joog ah kaga sameeya lacaga badan isla markaana iska jira o ka fogaada dhibaatada kaga imaan karta saaltayta suuqa. Dadka qaar waxa ay sameeyaan way gataan subixii marka uu suuqa furmo isla markiina way iska gadaan. Halka kuwa kalena ay sameeyaan waxa loo yaqaan Shortiga oo ah in ay iibiyaan saamii aysan haysan ayaga oo ka amaahanaya barookarka ay adeegsadaan isla markaana dib ugu ce-linayana marka qiimaha uu hoos u dhoco qaabkaana waan sharixi doonaa. Sidii aan horey usheegay, Tradeka kaliya ma dhex mari doono dad bili aadan ah oo faaiido doon ah, ee sidoo kale waxaa uu lagdanku u dhaxeeyn doonaa Kumbuyuutaro iyo Robotyo loo bacramiyay in ay ayaguna ka shaqeeyaan suuqaan, kuwaa oo aad u xawaare sareeya.

Aqoonta guud oo aad u baahan tahay

1. Waa in uu cad yahay qorshahaaga ku aadan maalintaan aad joogto

2. Waa in aad go'aansataa in aad Short samaynayso (Ku iibi qiimo sare dib ugu gado qiimo hoose) ama Buy (Ku gado qiimo hoose ku iibi qiimo sare) Waxaa wanaagsan dhinaca Shortiga si taxadar leh

3. Waa in aad aqrin karto Chartiga fahmina kartaa dhaqaaqiisa

4. Waa in aad ama horey u diyaarsatay naqshada aad isticmaali rabto ama aad isla markaa go'aansato markaa aragto Chartiga (dag dag)

5. Waa in aad ku tala gashaa qasaaro cayiman hadii sida aad wax u wado u socon waayaan, fiirisaana meelaha ugu saxan aad ka gali karto Tradeka kuna fakartaa inta uu kor u dhaqaaqi karo ama hoos.

86

Miisaaniyadda shirkadaha

1. Miisaaniyad wayn (in ka badan 300Bilyan) Shirkad haysata
2. Miisaaniyad dhexe (in ka badan 20Bilyan) Shirkad haysata
3. Miisaaniyad yar   (in ka badan 3Bilyan)   Shirkad haysata
4. Miisaaniyad aad uyar (in ka yar 60Milyan) Shirkad haysata
5. Miisaaniyad ugu hooseysa (in ka yar 40Milyan) Shirkad haysata

Float (Sheerarka lagadan karo)

Float waxaa la yiraah saamiyada banaanka yaala ee la Tradegareeyn karo waxaana loo xisaabiyaa saamiga guud eey shirkaddu lee dahay marka laga jaro saamiyada la mamnuucay oo lagu daray kuwa dadka goonida ah u xiran. Sida dadka shirkada wax kaleh, ama shirkado kale oo yar yar.

1. Saamiyada dadka goonida ah loo haayo, waxaa loo hayaa shaqaalaha iyo dadka sida goonida ah ugu xiran shirkada lamana gadi karo inta badan.
2. Kuwa la mamnuucay waxaa weeye sheerarka ama saamiyadda qolada SEC da ama Security Exchange Comm ay xirto arima la xariiro suuqa ama kuwa loogu yeero Haltska (Hakinta) marka la ga baqo dadka in ay ka dhunto lacag badan ama la rabo in la saxo is dhaaf ku jiro qiimaha saamiga. Taas ayaa keenta in shirkadu ay marka hore sheegto Floatka.

Maxaad u Baahan Tahay

In aad horey ugasho shaqada Stock Marketka, waxaad u baahan tahay in aad marka hore furato koontooyin lagu magacaabo Broker. Koontooyinkaas ayaa badankood ay ka siman yihiin in aad ku shubto lacag dhan $25,000.00

si aad awood ugu yeelato in aad saamiyada shirkada aad rabto mudo is xig xigta in aad iibsato siina iibiso inta udhaxeeysa maalinta aad ku guda jirto shaqada. Arintaan nuucaan ah ayaa lagu magacaaba nadaamka Maalinlaha ah iyo waxyaabaha lagaaga baahan yahay in aad soo buuxiso lacag gaareysa intaa. Dhanka kale waxaa jira hadii aadan haysan lacagta gaareysa intaa, in aad ku shubato waxa aad awoodo laakiin aad ka fiirsato imisa jeer ayaad rabtaa in aad gadato saami shirkadeed iskana iibiso maxaa yeelay waxaa jira hadii aadan haysan hantidaan kor ku soo xusnay in aadan Trade gareeyn ka-rin muda ka badan shan maalmood oo ah maalmaha shaqada. Haday marka dhacdo in aad ku xad gudubto sharcigaas waxaad muteeysan doontaa ciqaabta u taala suuqa Mareykanka oo ah in lagaa joojin doono dhaq dhaqaaqa ganacsi aad ku jirtay lagaana xiri doono koontada mudo dhan sagaashan maalmood. Marka waxaad u baahan tahay in aad shaqada ku sameeyso kutala gal aad ogtahay waxa kaaga imaan doona. Yeelkeede waxa jira in Brokerada qaarkood aysan lahayn sharuudaha nuucaas ah oo aad xor u tahay in aad sameeyso inta aad doonto saami gadasho. Sharcigaas afka qalaad waxaa lagu yiraah PDT (Pattern Day Trade). Koontooyinkaas waxaa ugu wanaagsan Tdameritrade, Etrade, Centerpoin, iyo Tradezero. Dadka yurub jooga laguma xiro sharciga PDT, maxaa yeelay maaha Americanka .

Sayladaha Stockga

Nasdaq, New York Stock Exchange, American Stock Exchange and OTC Over the Counter kuwaan ayaa ka mid ah suuqyada stock marketka kuwa ugu wanaagsan oo laga helo shirkadahah wanaagsan ama dhaq dhaqaaqa.

War bixinta cusub ee Stockga

Aqbaarta cusub ee Stockga waxay saameyn ku yeelataa dhaqaaqa qiimaha ama sicirka lagu kala iibsanaayo saamiga shirkadaas soo daysay war bixintaas. War bixinta ay shirkaduhu soo gudbiyaan ayaa waxaa ka mid ah in ay soo gaaraan dhaqaalo badan sanadkii markaa ay xisaabta xirteen ama ay lacag ka helaan shirkado kale oo waa wayn. War bixintaa cusub ee ka soo maaxata shirkadahaa ayaa waxaa aad iyo aad u jecel dadka xiiseeya suuqaan sababo la xariira dhaqaaqaas ku imaanaya qii-maha. Inta badan haddii ay war bixintaas tahay mid u wanaagsan shirkadda waxa ay ku wanaagsan tahay in la iibsado shirkadda saamiyadeeda qayb ka mid ah maxaa yeelay qiimaha ayay u badan tahay in uu kor u kaco. Sidoo kalena waxay ku fiican tahay in aad isku diyaariso in aad Short gareeyso oo micnaheedu tahay in aad amaahato saamiyo ba-dan kadibna aad iibiso adiga oo markaa og in qiimuhu hoos u dhici doono kadibna aad dib usoo iibsato si aad iskaga bixiso amaahdii. Haddii warbixintu ay liidato iyaduna waxa ay ku wanaagsan tahay Short in aad sameeyso ogaansho aad ka war qabto in ay dadku iibin doonaan saamiyada shirkadda qiimuhuna uu hoos u dhici doono. Marka warbix-inta shirkadu waxey keentaa dhaqaaq dhaqaale ama koru kac sare.

Kafaalad

Kafaaladda ayaa ah in shirkaduhu iibiyaan saamiga shirkadda qiimo go'an ama iyagu dib u gataan dano gooni ah iyaga oo kaleh si ay ama lacag u aruuriyaan inta aysan dhicin kafaalada, arintaan ayaa keenta in qiimuhu ama si ba'an sare ugu koco ama si lamid ah hoos ugu dhoco.

Volume (Sheerarka) iyo Doolar Volume

Volumeka ayaa ah sheerarka ama saamiyada lakala iibsaday saacaddaa ama maalintaa kuwaas oo ay isku badaleen gacmaha dad kala duwan.

Doolar Volumeka ayaa ah inta lacag dadku ay is dhaafsadeen mudada lagu jiray kala iibsashada saamiyada shirkadaas waxaana lagu helaa qiimaha saamiga shirkadda oo lagu dhuftay saamiga oo idil (D.V*V).

Muhiimadda Volumeka

Volumeka ama Saamiyada shirkadda ee lakala iibsado laguna kala iibsado barta internetka ee Stock Marketka ayaa waxa ay ahmiyad gooni ah uleedahay dadka ah Maalinle yaasha oo saamiyada sida isdaba jooga ah u iibsada ama iskaga iibiya. Sidaas dateed haduusan jirin dad wax kala iibsado ama Volumeka uusan ahayn mid aad ubadan ama gaaraya meel ku munaasib ahayn shaqada maalintaas ayay dantu ku qasabtaa in aysan gadan ama aysan iska gadin sababo la xariira ayaga oo kabaqaya in ay waayaan wax ka sii iibsada ama ay ka iibsadaan iyagu Coverka.

Volumeka madiga ah iyo midka isdaba joogga

1. Volumeka madiga ayaa ah mid ku wanaagsan Shortiga oo ah in aad iska iibiso saami aadan haysan, hadaan si kale u iraahdo waa amaahasho aad amaahaneeyso saamiyo dabadeedna aad iibineeyso. Kadibna aad dib u soo iibsan doonto qiimihii aad ku gaday kuwa ka yar si aad iskaga bixiso deeymihii lagu siiyey. Waxaa jirta mar mar uu ku wanaagsan yahay in aad iibsato saamiyo adiga oo rajeynaya mudo yar kadib in aad iibiso qiimo ka sareeya kuwa aad ku gadatay markii hore si aad uga hesho lacag badan taasna ay tahay dantaada.

2. Volumeka isdaba jooga ayaa ah mid mudo ka kooban maalmo ama bilo si is daba joog ah dadku ay isku dhaafsanayeen gadashada iyo iska gadista saamiyada shirkadda. Wuxuu ku wanaagsan yahay midkaan aan qodobka labaad ku sheegnay Shortiga maxaa yeelay maadaama dhowr maalmood si is daba joog ah la isku dhaafsaday lahaan shaha saamiyadaas waxaa fududaanaysa in aad iska iibiso adiga oo aanan ka baqeen amaa hadhow lagaa gadan waayaa.

Volume Madi ah

1. (300K-15M) Midyar
2. (15M-30M) Mid dhexe
3. (30M-50M) Mid wayn
4. (Kabadan 50M) Ugu wayn

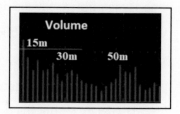

F.G Volumeka wuu is badalaa waxeyna ku xiran tahay Suuqa.

Mid aad ubadan oo dad badan ay is dhaafsadeen mudo maalmo ah kala gadashada saamiyada tiro aad u badan taas uu tusineysa xiisaha loo qabo.

Goorsheegtada Sayladda

PM (Suuqa hortii) Wuxuu biloowdaa 4:00.am ilaa 9:30.am Xiliga New York

Xiliga caadiga ah ee suuqa 9:30.am ilaa 4: 00.pm Xiliga New York

AH (Suuqa dabadii) wuxuu biloowdaa 4: 00.pm ilaa 9:30.pm Xiliga New York

Halts (Joojin)

Joojintaan ayaa ah mid ka jirta dalkaan maraykanka ayada oo ah in ay joojiyaan shirkadaha qaar marka ay u baqaan in dadku lacag ku dhumiyaan, mudo yar ayay hayaan ama hakiyaan si ay u saxaan qiimaha saamiga oo is dhaafa. Waxey keentaa wax la dhoho Kor ukac waalan.

Level2 (Toos u arag)

Level2 ayaa ah toos u arag dadka trade gareynaya marka aad isticmaa-layso balaatfoomka ama qaybta lagu Trade gareeyo. Waxaa ku arkaysaa qaybtaan dadka markaas dul fadhiya Kubuyuutarada oo gadanaya saamiyada shirkadda markaas aad adigana danaynayso ama dadka iska sii iibinaya waxaana arki doontaa imisa saamiya ayay doonayaan ama cadadka sheerarka ay rabaan in ay iska iibiyaan ama soo iibsadaan markaas oo aad qaadi doonto talaabo la mid ah tooda.

Chart (Jiitanka sicirka shirkadda)

Chartigu wuxuu kuu sheegayaa soo jiitanka qiimaha saamiga shirkada inta lakala iibsaday, inta shirkaddu ahayd shirkad dadka ka dhaxeeysa.

Tusaale Cagaar=kor, Gaduud=hoos, xariiqin hoose support

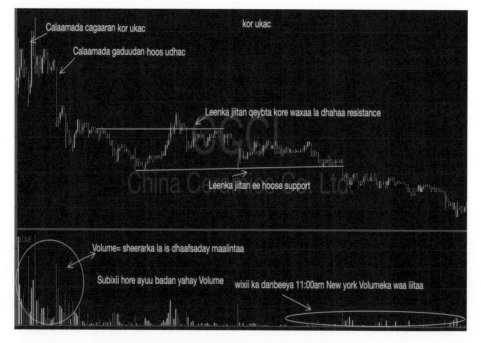

Support iyo Resistance (Kor iyo Hoos)

Support waxaa loola jeedaa meesha inta badan qiimaha saamigu uu mudo istaago ama dhoowr mar inta kor uga kaco dadku ay qiyaasaan in uu ku noqon doono meeshaas. Meeqa qiimuhu badanaa ku hakado, hoos udhac. Resistence waxaa loola jeedaa meesha kore ee sicirka saamigu uu bada-naa tago ama marka ugu horeeyo uu tago oo ah dhanka sare, kore.

Kor u kaca iyo Hoos u dhaca

Kor u kaca ayaa micnihiisu yahay marka qiimaha saamiga shirkadu uu sare u dhaqaaqo asiga oo waliba si dag dag ah oo is daba joog ah u kacdoomo. Kor u kacaas ayaa dhaafa xeendaabka kore ee badanaa qiimuhu maro ama horey ugaaray oo la yiraahdo Resistance, ama kore.

Hoos u dhaca ayaa ah marka sicirka saamigu uu hoos u hoobto asiga oo dhaafa difaacyadda horey u yaalay oo marka uu qiimuhu gaaro badanaa uu is taagi jiray lana yiraah Support. Waxaad u baahan tahay daganaan.

Isku dhafka

Isku dhafka ayaa ah marka qiimaha lakala iibsado saamigu uusan korna uga kaceen hoosna uga dhaceen mesha uu markaas joogo. Dadka maalin laha uga macaasha shaqada tan ayaan jecleen in ay arkaan dhaqankaan aan sameeyneen dhaqaaq dhan walba ah kor ama hoos. Stock marketka dadka aad u bartay waxay lacagta ka sameeyaa dhaqaaqa qiimaha saamiga shirkadaa haduu sare u kaco iyo haduu hoos u dhaqaaqo. Mar marka qaar ayaa dhacda haduu isku dhafku bato mudo dheerna sidaas ahaado in uu dadka qaar ku hogaamiyo in ay isku dayaan in ay ku sameeyaan waxa loo yaqaan Shortiga oo aanu horey usoo sharaxnay ahna in qofku uu qaato saamiyo amaah ah dabadeedna dib u iibiyo.

Talo ahaan booqo webkaku xusan hoos si aad uga faaiideysato

Booqo www.chartgame.com kadibna tababar ku qaado sida loo (iibsado loona iibiyo) iyo sida (loo amaahdo loona celiyo). Furo TDAmeritrade kadibna waxaa sameysaa Tradeka aan runta ahayn naftaadana xakamey.

94

Calaamadaha wareerka

Calaamadaha wareerka ayaa ah in shirkadda markaas aad rabto in aad gadato ama iska gaddo ayaa Chartiga waxa uu sameynayaa mar kor ayuu u dhaqaaqayaa marna hoos marna wuu is taagayaa marka calaamadaha nuucaan ah ayaa keenta in dadku ay ku wareeraan dabadeedna ay faraha ka qaadaan oo aysan wax gadasho ama iska gadis amaah ku sameeyn. Arintaan ayaa ukala qaybsanta sida soo socota laguna garan karo.

A. In uu qiimuhu si tartiib ah oo is daba joog ah kor ugu dhaqaaqo mudo marba marka xigtana sidaas ku socdo ilaa maalmo badan.

B. In Volumeka uu sii idlaanaayo oo uu sii dhamaanayo ama yaraa-nayo si is daba joog ah taas oo micneheedu yahay in dadka gada-nayaa ay yar yihiin ayna ku dhagan yihiin saamiyada taas oo keen-eysa in qiimuhu si xoowli ahna kor ugu dhaqaaqin hoosna u soo hooban. Taas oo keenta in jid iyo jaha beel uu ku rido dadka.

Sida lagu dhiso Trade taaba gal ah

Marka hore waxaad u baahan tahay in aad hirgaliso adeegsiga aaladaha dadka ka caawiya in ay si sahlan u soo qabtaan shirkadaha dhaqaaqa sameynaya maalintaas ama isbuucyadaas. Kuwa ugu fiicana waxaa ka mid ah mid la yiraahdo Stocktotrade waana midka aniga aan adeegsado. Wax yaabaha aad u baahan tahay waa waxyaabaha aan ku xusi doono dhanka hoose. Is badal wuu ku imaan karaa marka la qabso suuqa.

1. Waxaad raadinaysaa kuwa maalintaas ugu sareeya xaga kor udhaqaaqa ilaa 10% iyo kuwa aad kor ugu kacay meeshi ay maalmo joogeen ka sareeya iminka, sidoo kale waxaad eegtaa barta internetka twitterka kaas oo dadka badankiis ay kaga hadlaan shirkadaha dhaqaaqa sameynaaya maalintaas iyo maalmihii hore.

2. Waxaad xulataa shirkadaha qiimaha saamigoodu ka hooseeyo $30.00 kuwaas oo inta aanan suuqa la furin Trade gareeynaayo lacag dhan 150K ilaa 200 PM Volume iyo sidoo kale waa in aad fiirisaa hadii ay jiraan aqbaar cusub oo dadka Trade gareeynaayo xiisa galisa taas oo keeni karta kor u kac ama hoos u dhac weeyn, riixdana qiimaha stock.

3. Waxaad kale o aad xulataa shirkadaha lacagta ay heestaan ay gaarayso 100M ilaa 200M Floatkuna ama sheerarka la ogol yahay in lakala iibsado ay ka yar yihin 180M taas oo ay fududahay dhaqaaqa

4. Sii diyaarso naqshada aad rabto in aad isticmaasho. Tusaale ma waxaad dooneysaa in aad shirkad gadato iskana gaddo mase waxaad raadinaysaa in aad Short sameeyso oo ah in aad amaahato saami kagadaalana aad sii iibiso. Go'aankaagu waa in uu yahay mid fudud

96

Gado saami iskana gad

a. Subaxa hore (9:00.am-11:30.am) oo ah suuqu inta aanan furmin ayuu kor ukacaa qiimaha saamiga kadibna wax yar ayuu hoos udhacaa kadib marka suuqa uu furmo ayaa la rabaa in aad gadato isla markiina iska iibiso. Waa in aysan kugu qaadan waqti badan, fududeysaa.

b. Xiliga dhexe maalinta (11:30.am-2: 00.pm) waxay tahay Shirkada ayaa kor u dhaqaaqda qiimaha saamiga marka waxa ay dhacdaa waq-tigaas inta udhaxeeysa waxaa la rabaa in aad gadato kadibna iska iibiso si dag dag ah inta uusan suuqu kugu xirmin hadii kale waxaa laga yaabaa in aad dhumiso lacag badan ama suuqu xirmo.

c. Galab danbeedka (3: 55.pm-4: 00.pm) Nuucaana waxa uu dhacaa marka uu suuqu xirmi rabo kahor sharuudeeduna waa in qiimaha saamigu uu la siman yahay meeshii suuqu marka uu furmay uu taa-gnaay ama ka sarre si kalsoonida tradeka ay kor u noqoto.

d. Mar kor u kac, Middaan waxay dhici kartaa mar walba badanaa waxay ku dhacdaa shirkadaa oo sheegta war bixin xiisa galisa maal gashatada kagadaalana ay sababto in qiimuhu uu sara kaco

e. Hoos ka gadasho, marka sicirku uu hoos udhoco asaga ooleh waliba meel uu cugsado (support) waa in aad gadataa kana baxdaa dagdag
Shantaan nuuc ayaa ah kuwa ugu faa iidada badan suuqa sanadkii la soo dhaafay iyo sanadkaanba. Suuqa waxa ka shaqeeya waa dad bili aadan ah iyo mashiino lagu shubay aalado tusaya waxa suuqa ka dhacaya oo halkii dad uu ka shaqyan lahaa waxaa shaqeeya aaladahaas. Marka adiga oo isku diyaariyay in aad lacag sameeyso hadii qorshihii aad dajisay

97

uu shaqayn wayso waxaad ku qasban tahay in aad isla markii badasho qaab fakarka aadna gadiso sida aad wax u wado. Waxaa laga yaabaa in aad qasaaro yar la kulanto ama aad ka hor tagto qasaaro oo dhan. Hadii ay suura gashana in aad sida aad wax u wado wax u dhacaan waa in aad qaadataa faa ii da daada una bareertaa shirkada xigto iyo qorshaha kuu xigo. Badanaa dadka waxaa qasaaraha galiya cabsida iyo laba labeeynta oo sababta in go'aankii aad wax ka badasho ama ka madax adeegto in aad ka baxdo hadii qorshuhu shaqayn waayo. Mar walba ka taxadar xiligaa.

Faah faahinta shanta ceyn

Waxaan halkaan ka gali doonaa in aan turxaan bixino afarta nuuc ee aan ku soo xusnay qaybta kore oo la yiraahdo Long micnaheeduna yahay in aad gadato saami shirkad iskana iibiso adiga oo ku xisaab tamayo dhaqaaqa qiimaha oo kor ukacaya. Waxaan faah faahin doonaa nuuc walba oo aan raacin doono laba sawir oo ka kooban sharaxaad qaabka uu u dhaqaaqo qiimaha iyo sida ugu fudud oo aad ku fahmi karto. Waxaan isku dayi doonaa in aan luqada cilmiyeeysan ee dadku u yaqaanan afartaan nuuc ee gadashada aan ugu magac darnay in aan ilaalino si hadii aad bilowdo shaqada aad ula qabsato uguna wareerin.

Subaxa hore ((9:00.am-11:30.am)

Nuucaan loo yaqaan premarket breakout ayaa u baahan arimahaan aan hoos ku xusi doono, mar marka qaar wax waa iska badali karaan suuqa.

1. Subaxa hore oo ah dhaq dhaqaaq wax kala gadasho oo ka bilowda in ka badan 150k (Volume) ama saami, kaas oo ah cadeyn xiiso ah

2. Shirkadu waa in ay ka mid tahay kuwa kor u kacaya xiliga la jogo

3. Waa in aysan 10% ilaa 20% ka badan aysan kor u kac saneeyn maal-intaa hadii intaas ka badan kacdo rajada kor u kaca ma fiicno

4. Aad ayay u wanaagsan tahay haddii shirkaddu ay tahay kuwa haysta sheerarka yar oo aan badneen low float (Dhaqaad fudud)

5. Hadi shirkaddu ay haysato lacag yar ama miisaaniyad yar guud ahaan lacagta ay heestaan waxa ay u wanaagsan tahay dhaqaaqa saamiga shirkada iyo in si fudud uu suuqu u dhaqaaqo xaga sare

6. War bixin cusub hadii ay shirkaddu soo dayso waxey xoojinaysaa oo ay ayidaysaa dhaqaaqa qiimaha saamiga (Good News, war bixin)

7. Chart nadiif ah waa in ay leedahay oo loola jeedo waa in uusan lahayn resistance ka horeeya qiimaha markaas uu maraayo suuqa

99

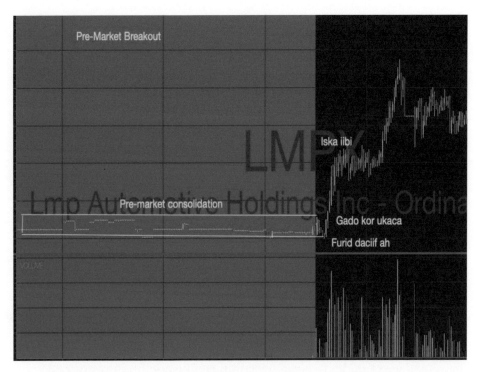

Chartigaan waxa uu ku tusinayaa meesha uu ka kacay qiimuhu iyo meesha uu tagay iyo xiliga ku munaasabka ah in la iska iibiyo sababtoo ah wax walbo oo kor u kacaa hoos ayay u soo dhacaan. Taasi waxay la micna tahay ninkii ku gatay kun saami kun doolar oo ah saamigii hal doolar haduu tago saamigii shan doolar in uu gadaayo wax war bixin ah uma baahna si uu uga qaato macaashkiisa. Taas ayaa waxay sababtaa in qiimaha saamigu uu hoos u dhoco cadaadiska saaran Tickerka dartiis.

Chartigaan waxa uu ku tusayaa tusaalihii aan ku soo bixinay qormada oo ahayd in aad u baahan tahay marka hore Premarket Volume taas oo kugu caawineysa in aad aragto xiiseeynta dadku ay u qabaan in ay lacag gali-yaan shirkadaas. Marka uu suuqu furmo waxaad arkaysaa sida caadada u ah Stocka in wax yar oo hoos dhac ah ku furanto kadibna uu soo laabto asiga oo dhaafaya suuqa inta uusan furmin kahor intii la iibsanayay saamiga. Taas ayaa waxaa lagu magacaabaa Premarket breakout. Hadaa u fiiriso si mug ama dhug leh, waxaa kuu soo baxaaya mudo yar aan ka badneen shan iyo toban daqiiqo in uu hoos u soo hoobanaayo marka waa in aad iska gadaa inta uusan kugu so laaban. Sida kaaga muuqata sawirka mudo kadib hadana hoos ayuu u dhacay.

101

Xiliga dhexe maalinta (11:30.am ilaa 2:00pm)

Qaybtaan ayaa dhacda duhurki laga bilaabo xiliga aan kor ku xusnay. Sababta ay ugu eg tahay ilaa 2: 00.pm ayaa ah xiligaa dadka Trade gareeya suuqa ayaa iskaga baxa wax allaale wixii ay saami haystaan haday tahay Long ama Short iska iibiya (Long marka ay gateen saami Short marka ay amaahdeen saami) waxayna ubaahan tahay nuucaan taxadar badan iyo in aad dul fadhiso iskana ilaaliso dhaqaaq walbo oo ka soo horjeesan kara Tradeka sida aad wax u wado ama aad dooneyso

1. Marka hore stockgu waa in dadka kala iibsanayeen mudo badan iyo saami badan. Taas oo abuurta Volume badan, sicirkuna isku dhafmo

2. Marka xigta waa in shirkaddu soo daysaa wax uun war bixin ah oo u wanaagsan dhagaha dadkana xiisa galisa, gaar ahaan maalgashatada.

3. Mida kale shirkadda qiimaha ay ku furtay saamigeeda xiliga uu suuqa furmay waa in xiliga duhurtii aad iibsanayso uusan ka hooseeyn in ka badan inta kor eey u kacday marka loo qaybiyo laba. Tusaale hadeey saddex doolar gaartay waa in laba doolar ay tahay markaa gadanee

4. Aad ayay u wanaagsan tahay hadii shirkadu saamiyadeedu ay yihiin kuwa yar oo aan u badneeyn kuwaas oo dadku jecelyihiin

5. Shirkaddu waa in eey in mudo ah inta suuqu furnaa adiguna aadan iibsan eey lee dahay calaamado xoojinaya dhaq dhaqaaqa suuqa

6. Waa in Chartigu uu yahay mid aan lahayn meela dhaa dheer ee qiimuhu shirkada mar hore gaaray midaa oo sababi karta in dadka Shortiga ah (Amaahda saamiyada ah qaata ee iibiya) aysan ku hamin in ay ka faa iideeystaan. Taas oo la yiraa Bounce short. Ka bax haday shaqayn wayso, isla markaana maanka u fur in aad sugto oo aadan dag dagin.

102

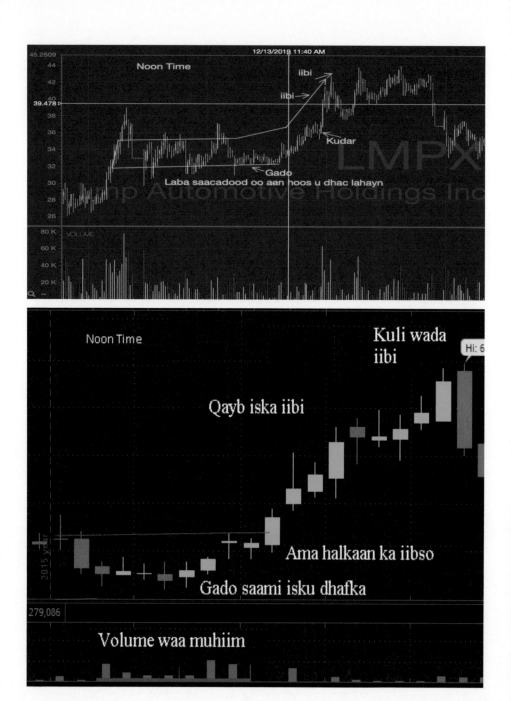

Galab danbeedka

Nuucaan lagu magacaabo Strong Close waxa ay dhacdaa galabtii inta uusan suuqa xirmin. Hase yeeshee, dadka Trade gareeya ayaa badanaa kor fadhiya Kumbuyuutarka aadna ula socda dhaq dhaqaaqa suuqa in ay suura gal tahay in la iibsado. Laakiin waxaa jirta sida bili aadanku u dul fadhiyaan dhalada shaqadu ka socoto, waxaa si dhib la'aan ah ula socda Robotyada ayaguna ushaqeeya dad aan dul fadhin shaashadda. Sidoo kale waxaa jira Mashiino iyaguna u taba baran in ay Iibsadaan iskana iibiyaan saamiyo shirkad ayaga oo u adeega haya dad ama shirkaddo waa wayn. Galab danbeedka ayaa u baahan wax yaabahaan hoos ku xusan, laakiin ogoow mar walba suuqa waxaa ku dhaca is badal lasoco, indhaha fur

1. Waa in subixii hore qiimaha saamigu uu sare u kacaa in badan

2. Waa in uu hoos udhacaa soona kabaa uu dib usoo laabtaa meel ka badan meeshii subixii uu ku furmay suuqu, joogteeyaana dhaqaaqa

3. Waa in marka la gaaro gabal gaabka ama xiliga uu suuqu xirmaayo aad ugu muuqataa mid kor usii boodaya uusan hoos u hooban

4. Waa in Stock ama shirkaddu ay dad badan is dhaafsanayaan gadashada saamiyada shirkadda tusineysana xiiso badan iyo rajo

5. Waa in aad ku tala gashaa in aad gadato inta oowsan suuqu xirmin daqiiqado yar kahor kuna tala gashaa in aad iibiso marka waagu baryo maalinta xigta. Nuucaan waxaa badan qatarteeda ogoow. Waxaad sameeyn kartaa in aad ku darto xoogaa saami ah hadii uu hoos u dhoco si aad meel dhexe iskugu keentid qiimaha uu kuugu fadhiyo Saamiga aad heeysato, taas ayaa waxeey keentaa macaash.

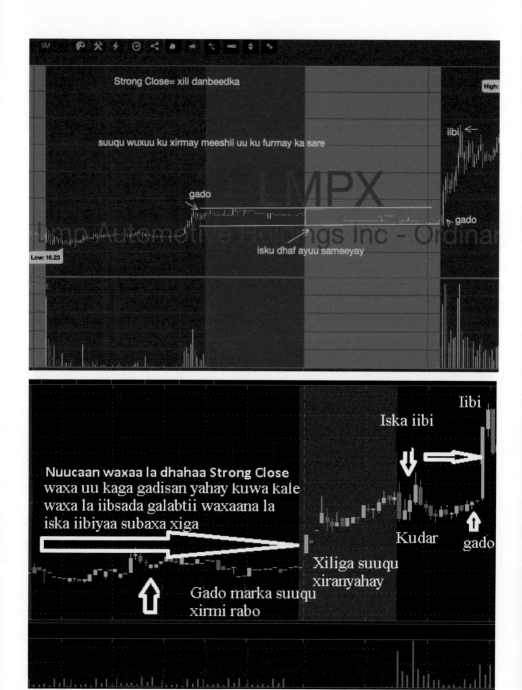

Strong Close= xili danbeedka

suuqu wuxuu ku xirmay meeshii uu ku furmay ka sare

gado

gado

isku dhaf ayuu sameeyay

iibi

Low: 16.23

High:

Nuucaan waxaa la dhahaa Strong Close waxa uu kaga gadisan yahay kuwa kale waxa la iibsada galabtii waxaana la iska iibiyaa subaxa xiga

Gado marka suuqu xirmi rabo

Xiliga suuqu xiranyahay

Iibi

Iska iibi

Kudar

gado

105

Mar kor u kac

Nuucaan waxaa lagu magacaabaa nuuca dhaca maalintii ama todobaadkii ama bishii ama sanadkiiba mar. waxaa dhacda in shirkadu war bixin faya qabta ay soo dayso taas oo sababta in qiimaha saamigu uu cirka isku shareero. Dadka Trade gareeyo stock marketka ayaa jecel nuucaan sababa la xariira labada dhinac oo laga sameeyn karo lacag. Labada dhinac waxaan ula jeedaa in aad soo haleesho biloowga hore inta ay kor u socoto dhaqaaqa chartiga oo aad iibsato dabadeedna aad iska iibiso markaad ka hesho xoogaa faaiido ah. Ama haddii ay ku seegto waxaad samaynaysaa saamiyo amaah ah ayaad qaadanaysaa si aad u sameeyso waxa lagu magacaabo Shortiga dabadeedna dib ayaad iskaga bixinaysaa adiga oo ka faa iidaysanaaya dhaqaaqa hoose ee qiimaha. Qaabkaan waa midka ugu fiican ee badanaa lacagta badan leh, ama koror. Qodobada tan ayay u baahan tahay hir galka nadaamkaan si aad u gasho.

1. Shirkadu waa in ay leedahay kor ukac qiimo oo marar badan dhacay caadana ay u tahay siidaaynta war bixinta wanaagsan in ay sababto in dadku ay aad u iibsadaan ayagoo ka qeeyb qaadanaya dhaqaaqa

2. Waa in ay shirkaddu siideeysa oo faafisaa war saxaafadeed wanaagsan kaas oo xiisa galiya maal gashatada (Good news)

3. Waa in ay kuu muuqataa dalabaad badan oo ah Volume (Saami)

4. Waa in subixii ay kor u kacdaa kadibna aysan aad u dumin oo xoogaa isku dhaf ah ay sameeysaa. Taas oo ah kor iyo hoos iskumar.

5. Waa in ay tahay shirkad ah shirkad yar ama saamiyada la ogol yahay in lakala iibsado ay yihiin kuwa yar. (Low Float-Saamiyo tira yar)

106

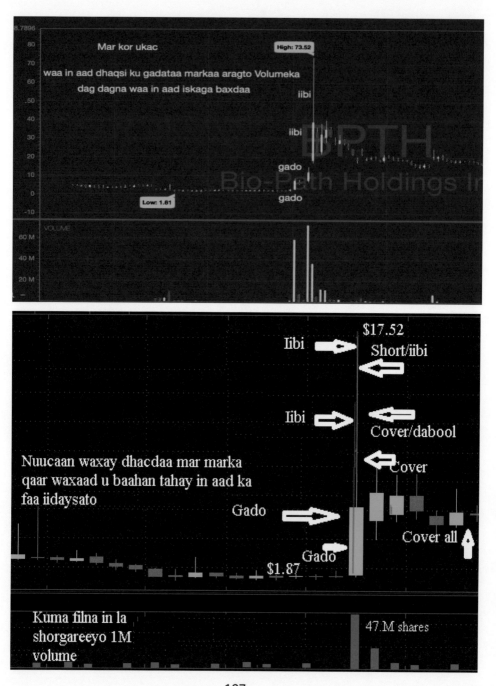

Dip buy (Hoos ka gadasho)
Laba nuuc oo aad u baahan tahay in aad aragto

1. Waa in uu stock ay ka muuqataa xiiseeyn dad badan (Volume)
2. Waa in uu lee yahay support ama meel uu istaago qiimaha suuqa

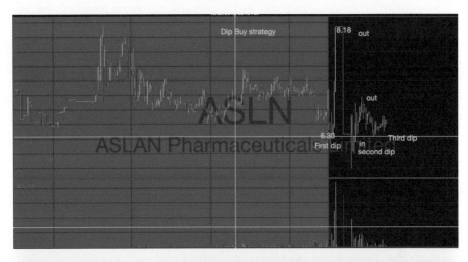

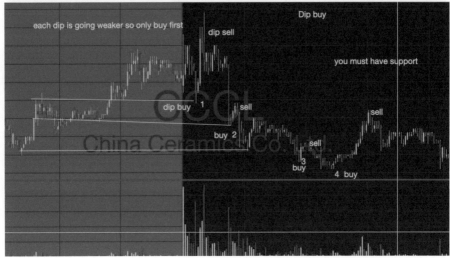

Short (Amaahashada Saamiyada)

Dhowrkii Charti ee ugu danbeeyay waxaan ku muujinay dhowr mar oo ay suura gal tahay in aad u baahato in aad amaahato saamiyo si aad u iibiso dabadeedna aad dib u soo iibsato kuna daboosho amaahdii aad qaadatay. Arinkaan ayaa ah hadaanu tusaaleeyno suuqa waxa Trade gareeynaayo waa dad, dadkuna waxaa caado u ah in ay yihiin kuligood faaiido doon. Marka waxaa dhacaysa in suuqu si xoowli ah uu kor u koco markaa waxaa dhacaya dadki ku soo gatay qiima hoose ayaa dib u iibinaya. Iibintaas ayaa saameeyneysa sababeeysana in qiimuhu uu hoos u dhoco. Waxaa jirta marka nadaam la yiraah Short Sell uu micnihiisu yahay in aadan waxba gadan badalkeedna aad amaahato saamiyo adiga oo bixinaayo xoogaa yar oo lacag ah saami walbo dabadeedna aad isla markaas iibiso adiga oo ku tala galsan in aad saacado ama maalmo ama daqiiqado kadib aad dib u soo iib sato saamiyadii aad qaadatay in la eg aadna ku daboosho amaahdii aad horey u qaadatay. Mar marka qaar waxaa dhacda in sida aad wax u wado aysan waxba u dhicin oo meeshii aad ka rajeeyneeysay in qiimaha saamigu uu hoos u dhoco si aad raqiis dib ugu soo gadato uu badalkeeda kor usii kaco. Haday dhacdo midaas waa in aad dag dag dib ugu gadataa inta uusan kugu gaarin meel aadan xamili karin. Sanidihii la soo dhaafay amaahashada iyo gadashada saamiyada waxay ahaayeen wax iska daba dhow laakiin xiliyada soo socdo waxaa faaiido badanaya amaahashada sababo la xariira koritaanka suuqa oo noqday mid liita mudana soo jiitamayey, iskaga bax hadii aadan ka arkin tilmaamaha ay leeyihiin Short-Sellka, ku fara adeeg xoolahaada.

Todobo Ceyn oo Amaahashada ku fiican

A. Parabolic Short (Mar walbo ayay dhacdaa todobaadkii)

B. Bounce Short (Badanaa waxay dhacdaa xili dheer kadib)

C. First Red Day A (Maalinta labaad ee kor ukaca ay sameyso)

D. First Red Day B (Suuqa waa in uu ku xirmay 100% kor ama 33%)

E. Over-extended Gap-Down Short (Maalinta labaad ee xirid liidata)

F. Heavy Resistance Short (Marka uu aad u sara kaco saamigu)

G. Pre-Market Short (Sare u kaca suuq xiranka inta aan la furin suuqa)

Halista ka imaan karta

Amaahashadu waxay keeni kartaa qasaaro aad u badan hadii sida aad wax u wado ay u socon wayso. Marka waxaad sameeysa hadii ay kaa horti-maaddo sidaad u fakartay badal qorshahaada isla markaana ka bax.

Parabolic Short (Sare u kacday)

Saddex arimood oo ku fiican amaahashadda

1. Waxa ay ku wanaagsan tahay nuucaan in shirkadu ay lee dahay lacag badan taas oo ka hor tageeysa in dadku ay xukumaan qimaha lagu kala iibsado saamiyada taas oo haday dhacdo keenta in suuqu cirka isku shareero.

2. Shirkaddu aad ayay u wanaagsan tahay hadeey lee dahay waqti aad iyo aad sheerarkeeda loo kala iibsaday oo qiimuhu horey sidaas ugu kacay waxayna kaa caawineysaa in aad ogaato inta ay kor u dhaqaaqi karto. (Bagholders)

3. Nuucaan la yiraah Parabolic ayaa ku fiican mar walbo oo aad is dhahdo way ku fiican tahay amaahasho saami in aad amaahato, gaar ahaan waxay aad ugu wanaagsan tahay galabtii marka dadku ka sii caraabayaan suuqa.

110

Parabolic short 100% gain

40 iibi/short

ilbi/short 43

iibi/short 42

30

dib u gado/cover

33

dib ugado/cover

dib ugado/cover 28

19 price

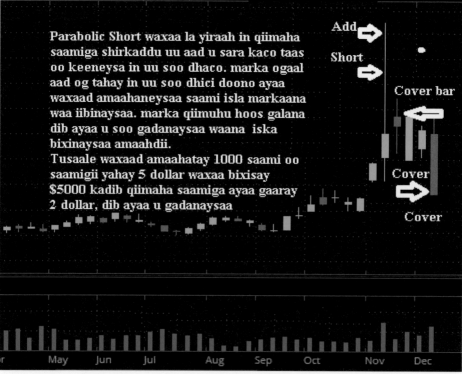

Parabolic Short waxaa la yiraah in qiimaha saamiga shirkaddu uu aad u sara kaco taas oo keeneysa in uu soo dhaco. marka ogaal aad og tahay in uu soo dhici doono ayaa waxaad amaahaneysaa saami isla markaana waa iibinaysaa. marka qiimuhu hoos galana dib ayaa u soo gadanaysaa waana iska bixinaysaa amaahdii.

Tusaale waxaad amaahatay 1000 saami oo saamigii yahay 5 dollar waxaa bixisay $5000 kadib qiimaha saamiga ayaa gaaray 2 dollar, dib ayaa u gadanaysaa

Add

Short

Cover bar

Cover

Cover

Bounce Short (Soo dagto)

Bounce short waxaa la yiraahdaa marka saamiga shirkaddu oow xowli sare ugu dhaqaaqo ka gadaalana uu soo laa laadsado hadana uu dib u laabto marka inta uusan gaarin meeshi hore uu u gaaray ayaa dadku waxay sameeyaan Short wax la yiraahdo ayaga oo is leh madaama meeshaas dadkii horey ugu gatay ay ku xaniban yihiin way iibin doonaan saamiyadooda taasuna waxay sababi doontaa ama keeni doontaa in suuqu uu mar labaad hoos u soo dhoco. Nuucaan ayaa ah nuuc wax yar ka duwan nuucii hore waxaana keenaya maadaama aad amaahda aad qaadaneyso xiliga uu ku yara dhow yahay meeshii markii hore uu soo taabtay meel ku dhow. Hadaba waxaa dhacda in mar marka qaar uusan dib usoo noqon uu sii bartiireeyo dhaafana meeshii horey uu u gaaray. Isla markaa waxaa kula haboon in aad ka baxdo sababtoo ah waxaa jirta nuuc kale oo la yiraahdo Breakout buy, dad ayaana ku fakaraya in ay gataan taasna waxay horkici doontaa dhaqaaq xoogleh oo cusub kaas oo qiimaha saamiga cirka ku sii shareeri doona.

Afar arimood oo ku fiican amaahashadda

1. Waa in shirkaddu horey qiimaheedu sare ugu kacay soona degay
2. Waa in aad qiimeeysaa imisa saami ayaa lakala gatay xiliyada uu saamigu kor u kacay. waxaa kugu wanaagsan 40 milyan iyo kabadan
3. Waa in aad bar tilmaameed sataa meesha ugu badan ee dadku is waydaarsadeen saamiyada. Meshaas oo ah dhex dhexaad aqligal ah
4. Miisaaniyadda eey shirkaddu haysato waa in ay waynaataa

First Red-Day A (Hoos udag kadib kor ukac)

Nuucaan lagu magacaabo First Red-Day A ayaa dhacda maalinta labaad ee suuqa furmo. Tusaale ahaan shirkadda saamigeeda ayaa mudo sara kac sameey nayay kadibna maalin ayuu soo hoobanayaa si xoowli ah. Kadib adiga waxaa lagaa rabaa maalinta ku xigto in aad Short ku sameyso kadib marka uu suuqu wax yar kor u kaco, meeshaas ayaa lagaa rabaa in aad ku sameeyso Short(Amaah qaadasho). Halka nuuca kale ee FirtRedDay B ay dhacdo inta uusan suuqu furmin ayaa waxaa laga yaabaa war bixin cusub in ay soo deeyso shirkaddu taas oo sababta in qiimaha lagu kala gadanayo saamiga shirkadu uu sare u kaco ama dad waxaa jira wax badan iib sada kuwaas oo sababa in uu qiimihu cirka isku shareero intaasna waxay dhacaan inta uusan suuqu furmin. Isla marka uu suuqu furmo waxaa dhacaysa dadka yaqaan nuucaan in ay isku diyaariyaan in ay amaaho qaataan si ay u iibiyaan, halka dadka kale ay iibsadaan ayaga oo isleh yeeysan idin dhaafin fursada tani. Suuqu haduu ku diido, diid.

Saddex arimood oo ku wanaagsan amaahashadda

1. Waxaad u baahan tahay in saamiga shirkaddu uu sarre u kaco inta lagu guda jiro PM oo ah suugu inta uusan rasmi u furmin kadibna marka suuqu furmana uu hoos u soo dhoco si aad kaga warqabtid dhaqaaqa, fur indhaha.

2. Ama waa in shirkaddu marka ay sarre u kacdo dabadeed hoos u soo dhacdo kuna xirto galabtii meel ka hooseeysa meeshii maalintaa ay gaartay, kadibna suuq xiranka ay dhowr mar sare u kacdaa. Haday dhicin ka bax.

3. Waa in Volume badan ka muuqdaa meesha oo dad badani xiiseynayaan gadashada saamiga shirkadda maalintaa si aad u hesho dad kula gala.

114

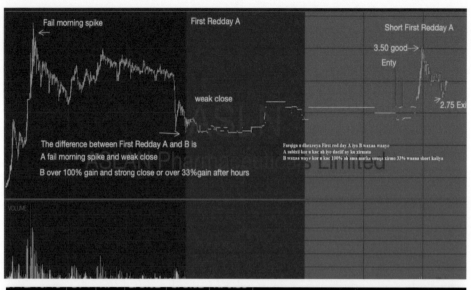

Fail morning spike

First Redday A

Short First Redday A

3.50 good→

Enty

weak close

2.75 Exi

The difference between First Redday A and B is
A fail morning spike and weak close
B over 100% gain and strong close or over 33%gain after hours

Farqiga u dhexeeya First red day A iyo B waxaa waaye
A subixii kor u kac ah iyo daciif ay ku xirnato
B waxaa waye kor u kac 100% ah ama marka uuqa xirmo 33% waana short kaliya

VOLUME

Hi: 13.96

Short

Short

Short

Short

Cover

Cover

Lo: 1.85

Sidaad u jeedo Chartigan ama sawirkaan
waxaa ka muuqdo in mar walbo oo aad
saami amaah ah qaadato ay faa iido badan
tahay suuquna sare kiciisu uu qaato waqti
dheer halka hoos u dhiciisu uu yahay mid
dag dag ah ka faa iidayso

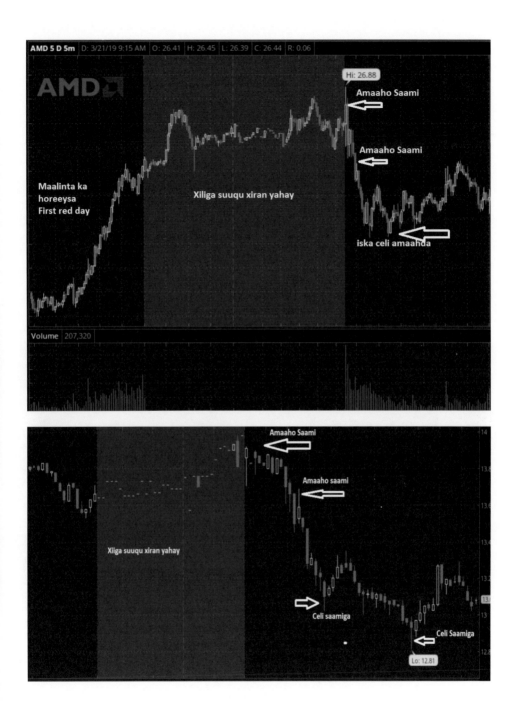

Laba arimood oo ku fiican First Red Day B

1. Waa in suuqa maalintaas uu kor ukacay 100% inta uusan xirmin kahor
2. Ama waa in uu suuqa marka uu xirmay kor ukacay ugu yaraan 33%

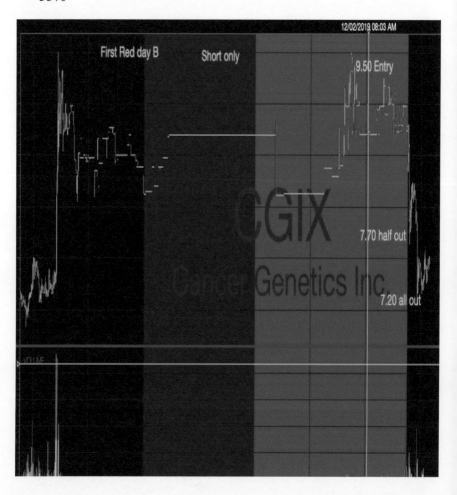

Over Extended Gap Down(Is fidiso)

Nuucaan waxaa weeye nuuc ka mid ah nuucyada ugu wanaagsan in Short lagu sameeyo ama la qaato Amaah si looga faa iideeysto saamigaas aadka u sara kacay. Waxa loogu sameeynayo Shortiga ayaa ah mar walba marka saami shirkad uu aad u sara kaco dadkii ku soo gatay qiimaha hoose ayaa gadaya taas waxay keeneysaa qiimuhu in uu hoos u dhoco. Sidaas darteed ayaa waxaa loo baahan yahay in aad adigana ka faa iideysato dhaqaaqaas aadna ka faa iideysato oo aad adiguna amaah qaadato si aad u iibiso marka qiimuhu sareeyo dabadeedna aad dib u gadato marka qiimuhu dhoco. Haddii sida aad u qorsheeysay wax iska badalaan waa in aad ka baxdaa inta uusan ku soo gaarin qasaaro aadan xamili karin. Taas waxeey kugu caawinaysa ka warqabka iyo faya qabka hantida aad rabto in aad ku shaqaysato. Ku fara adeeg lacagtaada, ka bax.

Afar arimood oo ku wanaagsan amaahashadda

1. Stockgu wuxuu u baahan yahay in uu maalintaas soo jiito dadka trade gareeyo (Volume badan). Tani waxay sahashaa Tradeka

2. Waa in ay shirkaddu lahaataa meel qiimaha uu horey u gaaray tusaale ahaan waa in Chartigu lee yahay resistance wayn

3. Mar hadii uu cirka isku shareero qiimaha lakala siisanaayo saamiga shirkadda waa in aad short gareeysa amaah qaado, si dhaqsa ah

4. Waa in qorshahaadu cad yahay amaahda qaado marka aad aragto meesha ugu badan in uu gaaray waliba adiga oo sugaya ilaa uu biloowodo hoos udhaca shirkada. (Red signal or Bearish sign)

118

Ilbi/short

double top short

afternoon selling/short

Cover/dib u iibso

Over extended

cover all

LMPX
Lmp Automotive Holdings Inc - Ordinary

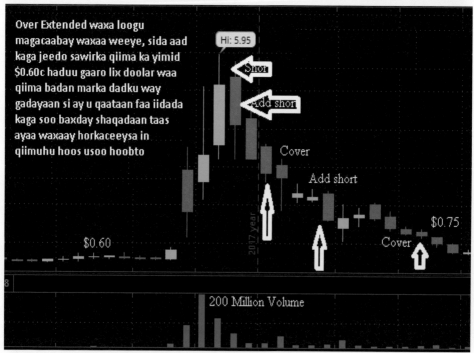

Over Extended waxa loogu magacaabay waxaa weeye, sida aad kaga jeedo sawirka qiima ka yimid $0.60c haduu gaaro lix doolar waa qiima badan marka dadku way gadayaan si ay u qaataan faa iidada kaga soo baxday shaqadaan taas ayaa waxaay horkaceeysa in qiimuhu hoos usoo hoobto

Hi: 5.95

Short

Add short

Cover

Add short

$0.75

Cover

$0.60

2017 year

200 Million Volume

Heavy resistance iyo All-time high waxaa weeye nuucyadda ugu wanaagsan ee lagu sameeyo waxa la yiraah Short ama qaadashada saamiyo amaah ah. Hadaba waxa keena in ay yihiin kuwa ugu wanaagsan ayaa waxa ay tahay wax yaaba la xariira hab fakarka bili aadanka. Bili aadanka sida caadada u ah waxa uu jecel yahay uuna mar walbo maanka ku hayaa helidda faa iido badan ka gadaal marka uu hanti maal galiyo. Nuucaan marka waxaa dhacda dad maal galiyay shirkad ayaa waxaa dhaceeysa in qiimaha lagu kala iibsado saamiyada shirkadda ayaa waxa uu gaarayaa meel aad u sareeysa taas oo waliba ku kaaban in dad badan ay kala iib sadeen saamiyada shirkadda. Ama saamigu uu gaaro abid halkii ugu sareeysay oo aad isla markaa garaw saneeyso in dadkii ku soo iibsaday qiimaha yar in ay dib u gadi doonaan si ay u qaataan faa ii da-dooda. Hadaba la soco mar marka qaar waxaa dhacda meesha aad ku maamineeyso in ay tahay halkii ugu sareeysay in uu ka sii dhaqaaqo sicirka shirkadu marka mar walba foojignoow oo ka taxadar dhaqaaqa.

Saddex arimood oo ku wanaagsan amaahdda

1. Mar walbo shirkadda qiimaha saamigeedu waa in uu sare u kacay ayada uu soo taabanaayo meel uu horey u soo taabtay mudo hore.

2. Waa in ay jirtaa xili shirkadda saamigeedu ay dad badan kala iib sadeen Volume badan ama dad badan kala gateen mudadaas.

3. Maalintaa aad amaahda qaadanayso waa in uu jiraa Volume mic-naha si aadan u wayn wax kaa gata ama kaa gada saamiyada.

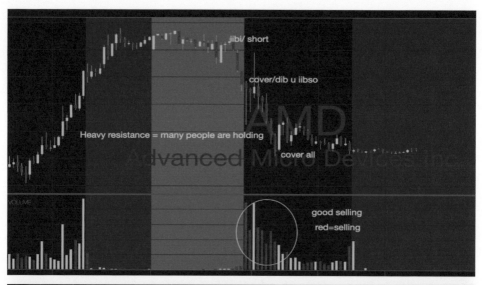

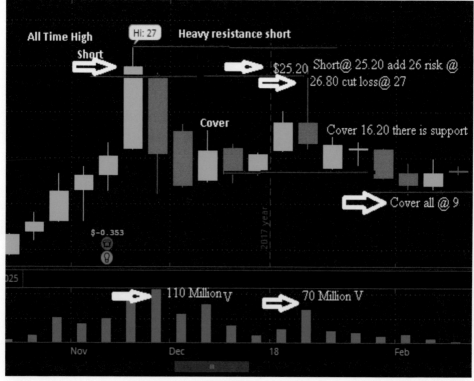

Saddex arin oo ku wanaagsan Pre-market Short

1. Stockga waa in uu Volume lee yahay iyo Dollar Volume
2. Stockga waa in uu sare u kacay si wanaagsan oo wayn
3. Stockga waa in uu ku tusaa calamad gaduudan oo hoos ah

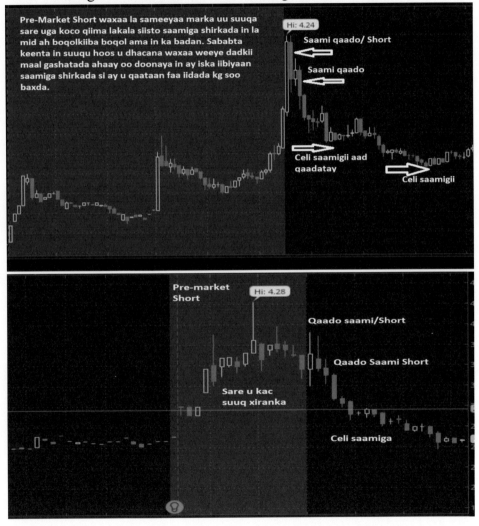

Tusaale Dulaale (Brokers)

Brokeradu waxaa weeye halka ama barta aad rabto in aad ku Trade gareeyso isla markaana aad u adeegsato shaqadaada. Halkaana mar labaad ayaan ku sheegi doonaa kuwa ugu wanaagsan marka ay timaado gadashada saamiyada iyo iska iibinta ama amaahashada. Gadashada iyo iska gadista waxaa ku wanaagsan **Tdameritrade iyo Etrade**. Halka amaahashada ay ku wanaagsan yihiin **Centerpoin iyo Tradezero**. Marka laba qaab ayaa loo adeegsadaa exchangiga, midu waxaa weeye Pageka ama websideka, mida kalena waxaa weeye in aad adeeg sato platform kaas oo aad ka heleyso adeegyo badan, sida level2, news.

Sawirkaan waa Page Broker

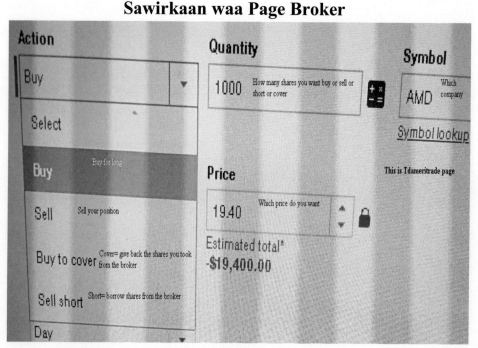

Sawirkaana waa Platformka

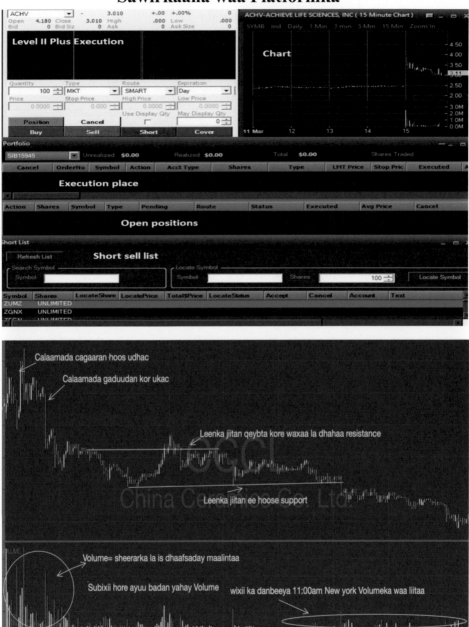

Sida loo qoondeeyo Qatarta

Maamulka qasaaraha iyo ilaalinta hantida aad rabto in aad ku Trade gareeyso. Stock marketku waa meel ay aad u badan tahay qasaaraha sababa la xariira dhaqaaqa suuqa oo marba dhan u heehaaba. Hadaba waxaan meshaan ku soo gudbinayaa waqtiyada ugu haboon ee suuqa la galo lagana baxo. Wax yar way iska badali karaan howshaada, balse foojignoow.

A. Afar waqti ayaa ugu haboon in Amaah la qaato (Short sell)
1. **Xiliga suuqa uusan furmin** 7:am Waqtiga New York Amaaho (Iibi)
2. 8:00 am Xiliga New York ku dar 1/1 ka bax inta aan la gaarin 8:30am
3. 9:40 am Xiliga New York kudar 1/3 Amaaho sheerer aan badneen
4. 10:00 am ku dar 2/3 haduusan hoos u dhicin fiiro gaara u yeelo
5. 10:30 kudar 3/3 haduusan hoos u dhicin ikaga bax sug ilaa 11:00 am
B. **Galabtii Amaaho** 1:50 pm Xiliga New York Amaaho ½
1. Galabtii Amaaho 3:40 pm Xiliga New York Amaaho 2/2
2. Galabtii iska xir kana bax booska aad ku jirto ka hor 4:00pm
   Chartigaan waqtiga ku qoran waa Houston,TX. H+1hour=NY

125

Blockchain

Blockchain waa tignooloji cusub oo aad iyo aad u muhiim ah aadna moodo in uu yahay wax ku wanaagsan aduunka aanu hada ku nool nahay sababa la xariira dadajinta lacag kala gudbinta iyo dhowrista sirta wadamada iyo dadka. Sidaas darteed warqad baaritaan ah aan ka qoray waxaan ku qoray qaybta ingiiriiska ee bugaan. Hadaan wax yar ka sheegto Blockchain markii ugu horeeyay waxaa isku dayay in uu is ticmaalo si ka duwan sida hada loo is ticmaalo dad isku baheeystay baaritaan cilmi oo ku tala galkoodu uu ahaa in ay si faya qab ah ku dhowraan dukumintiyada. Xiligaas o ahaa 1991dii. Iskudaygaas kadib, 2008dii ayaa nin lagu magacaabo Satoshi Nakamoto oo aan wali laheyn muuqiisa ahna ninkii soo saaray lacagta elektarooniga ah oo la yiraah Bitcoin ku fakaray soo saarista lacag ka madax banaan maamulka bangiyada iyo dowladaha si iyada oo aan shaqaalaha bangigu hubin uu cadeeyo hubiyana Block-chainka. Markaas wixii ka danbeeyay waxaa soo baxay shirkado yar yar oo badan oo hirgaliyay nadaamyo ay ku soo saarayaan isticmaalka block-chainka. Waxaana loo kala qaadaa Block and Chain wuxuuna ku shaqeeya Kumbuyuutaro is ticmaala xisaab System of Algorithmic. Marka aad dirayso waxaa hubinaya shaqada kumbuyuutaro lagu maga-caabo Nodes. Ayaga oo hubinaya wax la yiraah hashkii hore iyo hashka cusub. Kubuyuutaradaas oo lagu magacaabo Manners. Arinta ugu wayn ayaa ah in lagama maarmaan ay tahay in dadku xor u noqdo lacagta eey haystaan kana nabad galaan gacmaha fara badan oo ay sii marto iyo la-cagaha la saaro xiliga dirista ama soo dirsta dhan walba.

Taaba galinta adeegsiga Blockchainka ee Bangiyada

Nidaamka bangiyada ayaa si aan la dafiri karin biyo kama dhibcaan ugu ahaa waayaha casriga ah ee bini'aadanka. Habkan gaarka ah ee bangiyada ayaa horumaray oo u fududeeyay dadka inay wax kala iibsadaan, lacag dibadda iyo gudaha iskugu diraan dal kasta. Si kastaba ha ahaatee, bangiyadu waxay la yimaadeen habab kala duwan oo wax kala iibsi, lacag isku dirid, hayeeshee, way ku guuldareysteen in ay joogteeyaan u adeegista dadka dantooda. Waxay aad uga shaqaynayeen dardargelinta iyo hirgelinta habab cusub oo fududayn kara kuna dhiirigelinaya bulshadeena inay dhisaan oo ay dhidibada u taagaan qorshe maaliyadeed oo wax ka bedeli kara sida aynu iskugu kalsoonaan karno. Sababtaas awgeed, tignoolajiyada blockchain waa midda bangiyada ay ka maqan yihiin si ay u gaaraan oo ay u jebiyaan xuduudahaas. Hirgelinta adeegsiga blockchain waxay u horseedi doontaa bulshada inay dejiso qaab-dhismeed sharci ah oo faa'iido u leh bangiyada iyo dadyowga ku xiran.

Sooyaalka nidaamka bangiyada ee is waydaarsiga lacagaha ayaa lahaa foolal badan halka dhaqaalaha caalamka uu kor u kacay. Bangiyadu waxay ku dhaqmaan farsamooyin ay lacagaha ugu xawilaan xuduudaha oo ay u fududeeyaan xidhiidhka ka dhexeeya bangiyada kale ee adduunka. Si kastaba ha ahaatee, xeeladahani had iyo jeer waxay leeyihiin dhibaatooyin ay ugu wacan tahay dhex ku jirayaasha ama xarigla yaasha, oo mararka qaarkood gaadha in ka badan shan bangi oo kala duwan isku mar. Sida laga soo xigtay Daniel Drencher, khabiir ku takhasusay ni-daamka bangiyada ee tignoolajiyada blockchain, "Waxaa yaab leh inta qof ee dhextaalka ah ee ku lug leh macaamil ganacsi oo u muuqda mid fudud (tusaale ahaan, ka wareejinta lacag akoon bangi, kuna socota mid kale oo waddan kale ah ayaa ku lug leh ilaa shan dhextaal, taas oo ka mid ah kuwa kale ee ku jira bangiga dhexe. Dhammaan waxay u baahan yihiin goor socodsiinta waxayna ku soo rogaan khidmaddooda" (21) Ku lug lahaanshaha macneheedu waa bangiyada aan ku kalsoonahay ma laha awood ay ku qabtaan shaqo macquul ah, si fiican iyada oo aan la helin caawimaad hay'ado kale. Dadkii lacagta lahaana kama war qabaan intaas oo dhex kujire yaal, ama xarigle yaal oo midba raba guno in uu dhabaha ku jiiro.

Nidaamka xawilaadda lacagaha ee maanta ayaa ka sii daray sidii hore iyadoo ay ugu wacan tahay nidaamka bangiyada hadda jira. Wax kala iibsiga ka dhexeeya xisaab bangi akoon, bangi, ama wadamada/daw-laduhu waxay hadda u baahan yihiin mudo aad u badan iyo kharash aan la awoodi karin wax kala iibsi kasta. Intaa waxaa dheer, waxaa jira dhi-baatooyin xif ka ah ama kabuuxa wax is waydaarsiga ceynkaan ah. Had-dii Bangiyadu ay la kulmaan arrimo farsamo inta lagu guda jiro wax kala iibsiga bangiyada ama wax isku dirista, ama Bangiyada la xiro, waxaa jiri kara khasaaro lacag ah ama dib u dhac aan laga fursan karin. Karippa Bheemaiah, oo ah indheer garad ku gaamuray nidaamka bangiyada maaliyadeed-lacageed, ayaa leh, "Nidaamka lacag-bixinta ee hadda jira

128

waxay ku guntan yihiin khataro-dhibaato shaqo. Haddii bangiga ama hay'adda lacag-bixinta la xiro si ku-meel-gaar ah, dhammaan lacagaha la bixiyo waxay u baahan yihiin in la mariyo waddooyin kale. Taasina waxay saamayn ku yeelan kartaa inay ka goyso isticmaalaha ugu dambeeya nidaamka lacag-bixinta ilaa ay ka helayaan beddel kale." (127) Calaamadahaan nugul waxay muujinayaan in dhibtu aysan ka iman oo kaliya nidaamka xiran hayeeshee sidoo kale waxey u dabacsan yihiin tu- ugada. Ilaalinta hab-ganacsi iyo nidaam bangi oo la isku halayn karo, si wanaagsan loo maamulo oo wanaajiya sida macaamilka lacagtiisu u shaqeeyso waa in aan diiradda la saarin lacag dirista oo keliya; Waxa kale oo lagama maarmaan ah in la xoojiyo kalsoonida wax kala iibsiga ni- daamka bangiyada.

Bangiyadu waxay had iyo jeer raadiyaan kansho ay ku helaan koboc, nidaamyadooda oo ay albaabada u furaan danaha gaarka ah. Bangiyadu inta badan si siman uguma shaqeeyaan qof walba ama cid walba, hayeeshee, waxay u shaqeeyaan, ama u adeegaan kuwa dhaqaalaha badan haysta. Bangiyadu waxay eegaan dhinac kasta oo ey ka faa'iidaysan karaan, dawlad, iyo sidoo kale dadka adduunka oo dhan yuurara. Bangiyadu waxay shaki la'aan maalgashadaan xayaysiisyada si ay ugu dhiirigeliyaan muwaadiniinta inay furtaan xisaabaad cusub. Tusaale ahaan, macaamiishu waxay heli doonaan warqad toddobaadle ah oo u sheegaysa inay fududahay furitaanka akoonnada kaydka. Dhiiri- gelintan ayaa ka caawin doonta bangiyada inay soo ururiyaan lacag, iyaguna way ku tamashlayn doonaan waxay ururiyeen. Bangiyada ayaa balaayiin doolar ka helay dadka, halka dadka saboolka ah ay la halgamayaan sidii ay noloshooda maalinlaha ah u dabooli lahaayeen una quudin lahaayeen eheladooda.

Habka kale ee muhiimka ah ee bangiyada ay dhawaan u sameeyeen nidaamka bangiyada hadda jira ayaa ilaalinaya awooddooda halkii ay hagaajin lahaayeen arrimaha wax kala iibsiga. Iyadoo dunidu ay wajaheyso xaalad dhaqaale oo dhan kasta ah, bangiyada ayaa aad ugu fogaaday inay ku lug yeeshaan masraxa siyaasadda. Waxay inta badan u ololeeyaan in dad gaar ah ay sii wataan awooddooda. Habkan anshaxeed ma aha oo kaliya mid khatar gelinaya xeerarka nidaamka bangiyada, laakiin waxay gelin doontaa madax-bannaanida maaliyadeed. Bangiyadu waxay ka soo horjeedaan adeegsiga Blockchainka, si lamid ahna waxay ka soo horjeedaan nidaam kasta oo dhaqaale oo caddaalad ah oo aan faa'iido u lahayn. Waxa ay samaynayeen dhaqdhaqaaqyadan adag mana ogolaan doonaan in fursad loo siman yahay ay helaan dhammaan dadka ay lacagtooda ka faa'idaystaan.

Danta shakhsi ahaaneed iyo ilaalinta awooddooda maaha gidaarada kaliya ee bangiyadani ku difaacaan nidaamka ay hadda ku sugan yihiin. Waxay dhaleeceeyaan tignoolajiyada blockchain iyagoon isku dayin inay fahmaan qiimaha tignoolajiyadan. Tiknoolajiyada Blockchain waxay ku xad-gudbi doontaa qaanuunka aan qornayn ee nidaamka bangiyada hadda jira, kaas oo aan sinnayn, badalkeed mid lagu ciqaabo

130

dadka. Waxay si cad u sheegaan in Blockchainku uusan ku habboonayn nidaamka maaliyadeed ee hadda jira, loona baahan yahay in laga hortago. Bangiyadu waxay aaminsan yihiin/rumays yihiin in blockchain tiknoola-jiyadu eey meesha ka saari doonto danahooda dhaqaale waxayna ku soo rogi doontaa xoriyad dheeraad ah dhaqaale ahaan kuwa kale. Waxay u maleynayaan in nidaamku uusan noqon doonin mid waxtar leh ama lagu kalsoonaan karo xeerarkooda oo ugu dambeyntii saameyn ku yeelan doono nidaamka bangiyada.

Wax kala iibsiga/wax is dhaafsiga oo gaabis ah waa mid ka mid ah dhibaatooyinka ugu waaweyn ee bangiyada ay la kulmaan maalmahan. Hase yeeshee, bangiyadu diyaar uma aha inay xalliyaan arrintan, sab-abtoo ah, taasi waa sida ay lacag u sameeyaan. Dhaqdhaqaaqa tartiib tart-iibta ah kaliya ma baabi'iyo isku halaynta xaaladaha bangiyada hadda jira, laakiin sidoo kale waxay sababaan masiibooyin ka culus ee ganacsiga ad-duunka oo dhan. Tiana Laurence, oo ah hormuudka blockchain iyo maal-gashadayaasha shirkadaha bilowga ah ee blockchain, waxay tilmaa-maysaa in, "Ganacsiga gaabiska ah iyo habka bangiyada, sida dirridda fudud ee lacagta iyo dejinta midda guud, hadda waxaa la samayn karaa isla markiiba ama la diri karaa si aan habsaan lahayn [In Blockchain]. Saamaynta diiwaannada dhijitaalka ah ee sugan ayaa aad ugu weyn dhaqaalaha caalamka." (9-10) Bayaankani wuxuu muujinayaa in lacag dirista isla markiiba la samayn karo haddii dadku isticmaa-laan/adeegsadaan oo ay hirgeliyaan tignoolajiyada blockchain.

131

Si ka soo horjeeda nidaamka ay isticmaalaan bangiyada, adeegsiga blockchain ee xawilaadda lacagta waxay qaadataa daqiiqado ka soo bilaabato diraha ilaa loo diraha, xitaa haddii ay ku nool yihiin laba qaaradood oo kala duwan. Don Tapscott iyo Alex Tapscott waa ganacsato iyo udoodayaal blockchain, ayaa ka dhawaajiyey, "Dejinta Lacag bixinta: Dabcan, [Blockchain], waxaad ku wareejisaa lacagaha milkiilaha ilbiriqsiyo, ma aha maalmo. Milkiilayaasha waxay si fudud ugu maamuli karaan dhigaalkiisa qandaraasyada caqliga leh [Blockchain Technology]." (117) Macluumaadkani wuxuu muujinayaa sida tignoolajiyadani u badbaadin karto wakhtiga waxayna taageertaa ganacsiga casriga ah ee dadku la macaamilaan maalin kasta. Tiknoolajiyada Blockchain waa kaabayaal teknoloji oo lagama maarmaan ah taasoo horseedi karta horu mar ganacsi ee aadanaha si ay u badbaadiyaan lacag badan una sugaan nidaamkooda maaliyadeed.

In kasta oo dadka intiisa badani ay garwaaqsan yihiin inuu jiro dib u dhac weyn oo ku yimid wax kala beddelasho kasta oo ku jirta qaabka nidaamka bangiyada xawilaadda ee hadda jira, dhibaatadani waxba maaha marka la barbar dhigo khidmadaha aadka u badan ee ku xidhan wax kala iibsiga. Haddii shaqsi u baahan yahay inuu lacag u diro adduunka oo dhan, ama xitaa gudaha dalkiisa, wuxuu ku bixin doonaa lacag badan oo ah khidmadaha dirista. Kahor imaanshaha tignoolajiyada blockchain, qofna isma waydiin khidmadahan la dul saaro macaamil kasta. Blockchain waxay awood u leedahay inay hoos u dhigto khidmad kasta oo wax kala iibsiga/isku dirista lacagaha, maxaa yeelay, uma baahna inay ku tiirsanaato bini'aadamka-shaqeynaya ee dhextaalka ah, looguna wareejiyo lacagta. Mulkiiluhu/ama diraha lacagta, wuxuu noqon doonaa qofka samayn kara/ diri kara lacagta, iyada oo aan loo baahnayn bangi dhexe. Drescher, oo ah khabiir ku takhasusay nidaamka bangiyada iyo tignoolajiyada blockchain, ayaa qoray, "Maadaama bangiyada ay yihiin hay'ado dhexe, waxay ilaalinayaan jadwalka kharashka dhexe ee lagu dabaqo dhammaan macaamiisha".

Taas bedelkeeda, [Blockchain] waa nidaam qaybinaya, helaya lacag la soo diray ama diraya mid kale iyada oo aan lahayn barta dhexe ee xakamaynta ama dad baara oo ku dhaga lacagta ama la daaha" (65). Looma baahna blockchainka dhexdiisa (xarigle) ama kuwa dhexe ee dadka ka qaada adeeg diris. Taa beddelkeeda, waa nidaam madax-bannaan oo adeegsada nidaamka qaybinta oo aan u baahnayn lacag-bixin maamuleed ama faragelin.

Bangiyadu waxay adeegsadaan dhexdhexaadiyayaal gacan sad-dexaad ah si ay lacagta uga xawilaan koonta kale iyo waddan ilaa waddan kale. Isticmaalka/adeegsiga tignoolajiyada blockchain waxay meesha ka saari doontaa gacmaha badan, waxayna yaraynaysaa fursadaha u baahan ku lug lahaanshaha dibadda. Dhex ku jira yaasha faraha badan ee aan la tirin karin kaliya kuma dalacaan khidmado, hayeeshee, sidoo kale waxay qayb ka yihiin sababta wax kala iibsiga gaabiska ah. Si kastaba ha ahaatee, ra'yiga ah in la yeesho dhex ku jire dhinac saddexaad ee bangiyada ayaa muujinaya in hadda aysan jirin nidaam la isku halleyn karo oo ansixin kara dhammaan macaamilida/howlaha iyada oo aan loo baahnayn qolo saddexaad. Si kastaba ha ahaatee, casrigeenna tignoolaji-yada ayaa abuurtay wax aan u baahnayn dhexdhexaadiyeyaasha-block-chain. Tiknoolajiyada Blockchain uma baahna wax dhexdhexaadin ah oo dhinac saddexaad ah, mana aha taas oo keliya, balse, sidoo kale waa sharci-darro in la farageliyo wax kasta oo macaamil ganacsi ah. Haddii xannibaadda ay aragto faragelin kasta, waxay si toos ah u diidi doontaa dirista ilaa ay ka ogolaato milkiilaha/qofka leh. Ayiddaha Blockchainka Bolin waxa uu leeyahay, "Ledger-yada dadweynaha ee la daadajiyay ayaa awood u siinaya xawaalad internet oo sugan iyo kaydinta xogta iyada oo aan loo baahnayn awood dhinac saddexaad ah si ay ula socoto oo ay u xaqiijiso ansaxnimada. Waxay u ogolaadaan kooxaha aan xidhiidhka lahayn ee dadka, inay sameeyaan is-afgarad ku saabsan ansaxnimada macaamilka si madax-bannaan." [sic] Halkii laga heli lahaa bangiyada si joogto ah u isticmaala dhinac saddexaad, tignoolajiyada blockchain waxay isticmaashaa noodhka (isku xidhka kombuyuutarka iyada oo aan loo baahnayn cid saddexaad). Markii ugu horeysay taariikhda in lacag laga wareejiyo bangi, loona wareejiyo ku kale, uma baahna aaminaad dhinac saddexaad ah. Taa baddalkeeda, kombuyuutarrada (iyada oo loo marayo isku xirka computerada) waxay ansixiyaan is dhex marka dhammaan macaamilada. Runtii, blockchain waa tignoolajiyada ugu ho-rumarsan goortaan, ka dib intarneedka. Intaa waxaa dheer, ma aha oo ka-liya inay ka hortagto dib u dhac ama hay'ado saddexaad, ama xitaa

134

khidmadaha waaweyn, laakiin waxay hagaajin doontaa ganacsiga xawilaadda lacagaha adduunka oo dhan si fudud.

Nidaamka bangigu waa inuu fududeeyaa wax kala iibsiga/isku dirista/is dhaafsiga lacagta oo meesha ka saaro nidaamka dhexe ee gacanta ku haya, kuwaa oo ah hal koox ama kooxo. Nidaamkani waxa laga yaabaa in aanu hadda u muuqan mid khatar ah, balse waxa uu u taagan yahay kalitalisnimo. Habka ay adeegsadaan waxa ku jira go'aano ay gaaraan kooxaha diidi kara ama aqbali kara diristaada ama xitaa lacag bixintaada. Qof kastaa wuu ka warqabaa in lacag kala bixista mishiinnada lacagta otomaatiga ah (ATM) ay leeyihiin xad maalinle ah oo aan qofna dhaafi karin. Haddii macmiilku gudaha u galo bangiga oo uu codsado lacag-bixinno ka badan xadka, wuxuu la kulmi doonaa diidmo ama waxaa laga codsan doonaa inuu ballan kale sameeysto. Drescher wuxuu leeyahay, "Inta badan [Bangiyada] waxay horeba ugu jireen qaabka dhijitaalka ah ee nidaamyada dhexe ee ay maamulaan hay'ado ama kooxo gooni ah oo maaha dad u adeega dadyowga wax kala gadanaya/ amaahanaya, lacag dhiganaya, ama labaxaya." (22). Drescher wuxuu muujinayaa in bangiyadu ay ku shaqeeyaan nidaam dhexe oo kali ah oo kooxo gooni ah maamulaan. Isticmaalka tignoolajiyada blockchain waxay meesha ka saaraysaa nidaamkan dhexe oo ku bedeli doontaa mid aan cidina fara galin karin. Halkii laga isticmaali lahaa hab ay bani'aadamku gacanta ku hayaan (qof kastaa wuu ogyahay sida dadku u dhaqmaan), waxaan codsan karnaa nidaam aan u baahnayn awoodda dadka. Tiknoolajiyada

Blockchain waxay gacan ka geysan doontaa in la baabi'iyo nooc kasta oo ka mid ah xarumaha dhexe waxayna awood siin doontaa xisaab-wadaag la qaybiyo. Sida laga soo xigtay Drescher, "Nidaamyada isku-filka ah waxaa loo qaybiyaa nidaamyada software ee ka kooban noodhka (kumbuyuutarrada shakhsi ahaaneed), kuwaas oo ka dhigaya agabkooda xisaabinta (tusaale, awoodda farsamaynta, awoodda kaydinta, ama qaybinta macluumaadka) si toos ah. Marka ay ku biirayaan nidaamka isku-faca, isticmaalayaashu waxay u rogaan kombuyuutarkooda ama Nodka, nidaamka kuwaas oo la siman xuquuqdooda iyo doorkooda." (23). Kumbuyuutarrada tignoolajiyada ee Blockchain ayaa shaqada qabanaya halkii ay dadku ka qaban lahaayeen. Sidaa darteed, qofna ma xakameyn doono habka. Kombiyuutarradaas oo loo yaqaan "nodes." Marka bangiyada ay xakameeyaan wax walba - oo ay ku jiraan maareynta lacagta - oo aysan, haddii ay dhacdo in aysan shaqeyneynin maalintaas, ama nidaamkoodu hoos u dhaco, ma jirto fursad lagu wareejiyo lacagaha. Dhanka kale, tignoolajiyada blockchain, haddii dhammaan Nodeka la xiro, mid ayaa kici kara oo si sax ah u shaqeyn kara, geeddi-socodku wuxuu u socon doonaa si sax ah, nidaam deegaan oo noqon kara mid xooggan oo faa'iido leh.

Faa'iidada blockchainka maaha wax lagu soo gabagabeyn karo warqad cilmi-baaris oo hal bog ah. Inta badan khubarada tignoolajiyada ee xilligan waxay aaminsan/rumeysan yihiin in xannibaadda ay tahay mid ka mid ah tignoolajiyada weyn ee lagu hubinayo macaamilka iyada oo

aan la aamini karin cid saddexaad. Farsamadan gaarka ah waxay u qal-
antaa in si taxadar leh loo qiimeeyo iyada oo isla markaa la fulinayo; ma
aha bangiyada oo kaliya laakiin qayb kasta oo maaliyadeed. In la iska
indho tiro fursadaha suurtagalka ah waxay keeni kartaa masiibo aan hore
loo arag taasoo aakhirka u horseedi karta hab-dhaqaale oo aan la isku
halayn karin. Tignoolajiyada Blockchain kaliya kuma habboona wax kala
iibsiga lacagta, laakiin waxa kale oo loo isticmaali karaa ku dhawaad wax
kasta oo ku lug leh lahaanshaha, sida cinwaannada guri, baabuur, iyo xi-
taa laysanka darawalnimada. Cilmi-baare Blockchain „Juels waxa uu
qabaa, " Hubanti la'aanta sharciga ah ee ku xeeran lahaanshaha hantida
ayaa caqabad weyn ku ah kobaca dhaqaalaha soo koraya. Haddii
lahaanshaha hantida si awood ah oo si guud loogu diiwaan galiyay
[Blockchain], qof kastaa wuu baran karaa cidda leh hantida qayb. Xataa
lahaanshaha qarsoodiga ah ee sharciga ah - sida aaminaadda gaarka ah -
waxaa lagu qori karaa [Blockchain]." Aragtidani waxay diiradda saar-
aysaa muhiimada ay leedahay in lala macaamilo qofka saxda ah ee
sheeganaya lahaanshaha hanti gaar ah. Sidaa darteed, waxaa muhiim ah
in la hirgeliyo tignoolajiyada blockchain ee la kulma dhibaatooyin marka
la isku dayayo in la helo mulkiilaha hantida.

Sooyaalku, wuxuu ina baraysaa in si adag loo barto oo loo baadho
natiijooyin la taaban karo oo ka badan dhaleecayn. Barashadu waxay hor-
seedaa bangiyada inay sahamiyaan sida tignoolajiyada blockchain u
shaqeyso iyo inay tahay tallaabo muhiim ah oo u baahan in la horumariyo.

137

In xoogga la saaro tignoolajiyada ayaa caddayn doonta masiirka suurta-galka ah waxayna soo bandhigi doontaa daciifnimada ay ka hortagi karto oo ay hagaajin karto. Sida laga soo xigtay cilmi-baarayaasha blockchain iyo maalgashadayaasha, Yli-Huumo et al., "Blockchain waa xal kayd ah oo la qaybiyey kaas oo ilaalinaya liistada sii kordheysa ee diiwaannada xogta ee ay xaqiijiyeen qanjidhada ka qaybqaadanaya. Diiwaanka xogta ee buug-gacmeedka dadweynaha, oo ay ku jiraan macluumaadka wax kala iibsi kasta." Bangiyadu waxay lacag ka xawili karaan bangi una wareejin karaan bangiga kale iyagoon haysan cadadka saxda ah sababtoo ah waxay ku wareejin karaan lambarada dadka dhexdooda. Taas be-delkeeda, blockchain ma ogola in lacag isku mid ah lagu isticmaalo dad badan. Haddii hal macaamil ganacsi si guul leh loogu dhammeeyo qofka saxda ah, uma diri doontid lacagta mid la mid ah qof kale. Rothstein wuxuu leeyahay, haddii aad isku daydo inaad dib u soo celiso qadaadiicda dhijitaalka ah, waxaad si dhakhso ah u ogaan doontaa markaad u baxday kharash gareyntooda, maadaama aan lagu xisaabin doonin [Blockchain]." (3) Tignoolajiyada Blockchain ma aqoonsan doonto wareejinta ama kha-rash gareynta lacag la mid ah. Waxay u horseedi doontaa qalad, ni-daamkuna wuxuu xannibi doonaa macaamilada.

Samaynta horumariyayaal midaysan oo horumariya tignoolaji-yada ayey u baahan tahay tignoolajiyada blockchain, mid walba oo cusubna sidaa ayey u baahan tahay. Haddii bangiyada ay abaabulaan ho-rumariyayaal badan oo si hagar la'aan ah uga shaqeeya cilmi baarista iyo horumarinta tignoolajiyada cusub, taasi waxay caawin doontaa naftooda iyo adduunka oo dhan. Shaki kuma jiro in wakhtigan uu yahay wakhtiga tignoolajiyada, oo ay kor u kaceen Aqliga- macmalka, internetka, iyo blockchain. Diidmada horumarka tignoolajiyada blockchain waxay ka tagi doontaa bangiyada waxayna burburin doontaa nidaamka maali-yadeed oo dhan. Taa beddelkeeda, taageeridda, iyo hagidda tignoolaji-yada waxay dardargelin doontaa suurtagalnimada in lagu noolaado mee-raha aan caadiga ahayn. Sida Bambara iyo Allen u qoraan, "Blockchain waa ammaan nashqadeynta iyo tusaale ahaan nidaamka xisaabinta ee la qaybiyey oo leh dulqaad sare ." Waa dhibaato marka dunida oo dhan ay dhibane u tahay wax kala iibsiga iyo xatooyada aqoonsiga. Blockchain, xalku waa in lagu kalsoonaado buugaagta la qaybiyey ee nidaamka xisaabinta iyo ka hortagga khatarta.

Iyadoo bangiyada ay faa'iido aan la dafiri karin u leeyihiin bul-shada, xumaanta ku xeeran waa in la xusuustaa. Dhexdhexaadinta, macaamilka gaabiska ah, khidmadaha culus, iyo dhexdhexaadiyeyaasha maaha dhibaatooyinka ugu muhiimsan, laakiin bangiyada waa inay xalli-yaan iyaga. Horumarintu macnaheedu maaha awood sii haysashada. Ha-dafka taa beddelkeeda waa in lala shaqeeyo dadka si loo xalliyo dhibaa-tooyinkan. Go'aamada degdega ah waxay horseedi doonaan jawi masiibo ah. Blockchain waa daawada suurtagalka ah ee dhibaatooyinka uu qof kastaa ku wajahayo nidaamka bangiyada. Waqtigaan, ka faa'iidaysiga tignoolajiyada blockchain waxay meesha ka saaraysaa dhibaatooyinka oo

139

dhan ama way yaraynaysaa, laakiin iska indhatirka tignoolajiyada ayaa laga yaabaa inay si dhakhso leh u nafaqayso dhibaatada.

Halkaan ka daawo Documentryada aan is leeyahay way soo koobi karaan garashada Blockchainka, si aad uga dheehato macluumaad badan.

Blockchain Documentry

. The Blockchain and Us

. Trust Machine: The Story of Blockchain

Garaadka Macmalka iyo Saameyntiisa

Garaadka macmalka ah, ama Artificial intelligence (AI), waa magaca loo alkumay aqoonta sayniska kombiyuutarka iyo tignoolajiyada ee xoogga saaraya abuuritaanka mashiinno dhug badan oo awood u leh inay keenaan maanka aadanaha oo ay qabtaan hawlo caadi ahaan u baahan garaadka aadanaha. AI waxa ay ka kooban tahay farsamooyin kala duwan, algorithms, iyo teknooloji oo awood u siinaya mishiinada inay gartaan, caqli galiyaan, bartaan, oo ay go'aan gaadhaan. Waxay u muuqataa in ay tahay awood soo if baxday, waliba tu daran, oo qaabaynaysa nolosha bini'aadamka qaybo kala duwan, oo ay ku jiraan shaqada, duulista, militariga, wax soo saarka, mishiinada, shaqada jirka, iwm. Nidaamyada AI waxay ujeedadoodu tahay in ay ku celceliyaan ama la jaanqaadaan dhinacyada kala duwan ee sirdoonka aadanaha, oo ay ku jiraan aragtida (tusaale, aragtida iyo aqoonsiga hadalka), habaynta luqadda/afka dabiiciga ah (tusaale, fahamka iyo u kuur galka luqadda/afafka aadanaha), xalinta mashaakilaadka (tusaale, go'aanqaadasho iyo qorshayn), iyo barashada (tusaale ahaan, helidda aqoonta iyo hagaajinta waxqabadka waqti ka dib). Iyadoo AI ay bixiso/qabato faa'iidooyin la taaban karo, waxay sidoo kale keenaysaa khataro iyo caqabado, kuwaas oo si xun u saameeya wanaagga Aadanaha. Qormadani waxay eegaysaa saamaynta togan iyo mida taban ee AI, waxayna sahminaysaa/raadinaysa muhiimada loo qabo sharci soo saarista, si bini'aadamka looga ilaaliyo cawaaqibkiisa xun.

Mid ka mid ah saamaynta togan ee AI waa kordhinta waxtarka iyo wax soo saarka. Tignoolajiyada AI waxay kor u qaadaysaa waxtarka iyo wax soo saarka warshadaha. Tusaale ahaan, xagga wax-soo-saarka iyo wixii ku lug leh maanka macmalka ah waxay yaraynaysaa khaladaadka bini'aadamka, waxayna hagaajisaa hababka ay u shaqeeyaan , sidoo kale way bidhaamisaa ka faa'iidaysiga kheyraadka (Yaghoubi et al., 2020). Tani waxay keenaysaa wax soo saarka sare iyo kaydinta kharashka, faa'iidada ganacsiga iyo macaamiisha labadaba. Tiknoolajiyada AI waxay si toos ah u hagaajin kartaa hawlaha soo noqnoqda iyo kuwa aan caadiga ahayn ee bani'aadamku dhaqan ahaan u qabtaan; waxay ku fiican tahay habaynta iyo falanqaynta xaddi aad u badan oo xog ah si degdeg ah oo sax ah. Nidaamyada talo bixinta ee ku shaqeeya AI iyo chatbots waxay wanaajin karaan khibradaha macaamiisha iyagoo shakhsiyeynaya isdhexgalka. Waxa kale oo ay wanaajin kartaa hababka dayactirka iyada oo saadaalisa cilladaha ku yimaada qalabka. Waxey dar dar galisaa dhowrista macluumaadka luma, ama u nugul in ay lumaan, waliba si degdeg ah oo sugan taa oo ah tiro aad u badan oo xog ah. AI waxay wanaajin kartaa socodka shaqada iyadoo si caqligal ah u qoon-daynaysa agabka iyo habraacyada.

Saamayn kale oo wanaagsan ayaa ah Badbaadada iyo Saxnaanta. Nidaamyada AI waxay door muhiim ah ka ciyaaraan hubinta badbaadada iyo saxnaanta duulimaadyada diyaaradaha. Algorithms-yada AI waxay gacan ka geystaan xakamaynta duulimaadka, hagidda, iyo dayactirka diyaaradaha, sidoo kale waxey si weyn u yareeyaan-dhimaan, khaladaadka aadanaha iyo kor u qaadista badbaadada rakaabka (Günther et al., 2021). Waxaa intaa dheer, nidaamyada robotic-ka ee AI-ku shaqeeya ee dhanka wax soo saarka waxay qaban karaan hawlo halis ah, iyagoo yareynaya halista dhaawacyada shaqaalaha, (Dwivedi et al., 2021). Robot-yada AI ku shaqeeya iyo Daroonada, aan duuliyaha lahayn, waxay qaban karaan hawlo dhib ku ah dadka, iyagoo yareynaya halista dhaawacyada ama dhimashada. Mashiinadani waxay qaban karaan hawlo ay ka mid yihiin kormeerida kaabayaasha, maaraynta walxaha halista ah, ama ka shaqaynta xaalado aad u daran. Marka la ogaado qaababka iyo cilladaha, AI waxay ku siin kartaa digniino hore ama saadaalin lagaga hortagi karo. Tani waxay u ogolaaneysaa in la qaado tillaabooyin firfircoon, sida waxqabadyada dayactirka ama hirgelinta borotokoolka badbaadada, yareynta suurtagalnimada shilalka ama guuldarrooyinka. Sidoo kale, AI waxay muujisay, ina tustay faya qabka wanaagsan iyo in si joogta ah looga dhigi karo kuwo xanbaari kara garasho balaaran taas oo ku saabsan hagaajinta, saxnaanta. Algorithms-yada AI waxay baari karaan sawirada caafimaadka, xogta bukaanka, iyo suugaanta cilmi baarista si ay u caawiyaan xirfadlayaasha daryeelka caafimaadka, samaynta baaritaanno sax ah oo aan mugdi ku jirin oo dheeraad ah.

Saameyn kale oo wanaagsan ayaa ah Horumarka Awoodaha Ciidamada. AI waxay bixisaa/gudbisaa/bidhaaminaysa, kartida wax-kabeddelka oo ku saabsan codsiyada militariga, taasoo u sahlaysa si degdeg

143

ah oo sax ah go'aan-qaadasho. Nidaamyada is-maamulku waxay gacan ka geysan karaan ilaalinta, aqoonsiga bartilmaameedka, iyo qiimeynta khatarta, si ay u yareeyaan khatarta shaqaalaha, ee aagagga dagaalka (Gubrud, 2020). Tani waxay gacan ka geysan kartaa xoojinta amniga iyo dhimista dhaawacyada iska hor imaadyada hubeysan. AI waxay wanaajin kartaa sirdoonka milatariga iyada oo awood u siinaya ilaalinta mugga leh iyo hababka sahaminta/indha indhaynta. Nidaamyada iskood u shaqeysta ee AI ku shaqeeya, sida diyaaradaha aan duuliyaha lahayn (UAVs), gawaarida dhulka ee aan cidi wadin (UGVs), iyo maraakiibta quusta ee madaxbanaan, ayaa loo diri karaa hawlo kala duwan oo militari. Waxay kor u qaadi kartaa sugnaanta iyo saxnaanta bartilmaameedka militariga iyo nidaamyada hubka. Marka la falanqeeyo/la rog rogo, xogta dareema-yaasha kala duwan, algorithms AI waxay wanaajin kartaa aqoonsiga bartilmaameedka, raadraaca bartilmaameedyada, dhaqaaqa, iyo xisaabinta xalalka abbaarista ee ugu fiican. Waxay xoojin kartaa am-niga/nabad galyada/ internetka ee militariga iyadoo la aqoonsanayo oo laga jawaabayo hanjabaadaha internetka waqtiga dhabta ah. Algorithms-yadu waxay baari karaan shabakadda taraafikada, ogaan karaan cilla-daha, oo ay aqoonsadaan qaababka la xiriira weerarrada internetka. Tiknoolajiyada AI waxaa loo isticmaali karaa in lagu horumariyo jilitaanno tababaro dhab ah,kuwaa oo loogu talagalay shaqaalaha mili-tariga.

Inkastoo ay jiraan faa'iidooyinkan ama kaaga ah ee AI, waxaa jira dhibaatooyin muuqda, si lamid ah. Hal khasaare oo xoog leh ayaa ah Barakacinta Shaqooyinka iyo Qaybinta Faa'iidooyin/wax soo saar aan sinnayn. Soo bandhigida Automation-ka AI waxay u horseedi kartaa barakac shaqo, gaar ahaan warshadaha shaqada u baahan. Sida nidaamyada AI ay u beddelaan shaqaalaha bini'aadamka, waxaa jira halis shaqo la'aan iyo xasillooni-darro maaliyadeed oo soo foodsaari doono dadka u shaqo beelay AI darteed (Brynjolfsson & McAfee, 2017). Marka ay tignoolajiyada AI horumarto, doorarka ku lug leh hawlaha soo noqnoqda iyo kuwa caadiga ah waxa laga yaabaa in ay AI la wareegto, taa oo saamayn ku yeelan karta shaqada xagga wax soo saarka, adeegga macaamiisha, gaadiidka, iyo shaqada maamulka. Soo bandhigida AI waxay abuuri kartaa baahi loo qabo shaqaale leh xirfado cusub ama la xoojiyey si ay ugu shaqeeyaan, ama ula shaqeeyaan nidaamyada AI. Tani waxay caqabad ku noqon kartaa shakhsiyaadka u baahan in ay sare u qaadaan aqoontooda, ama xirfad u yeeshaan si ay ugu sii jiraan shaqaaleysiinta suuqa shaqada ee kobcaya. Faa'iidooyinka ay keentay horumarka AI waxaa laga yaabaa inaan si siman loogu qaybin shakhsiyaadka iyo bulshooyinka. Xaaladaha qaarkood, geynta tignoolajiyada AI ayaa laga yaabaa inay ugu horreyn faa'iido u yeeshaan kuwa leh ama ku gaamuray AI, taasoo horseedaysa sinnaan la'aanta dhaqaale ee kororto.

Khasaaro kale ayaa ah anshax iyo edeb wareer dhanka ciidanka. Isku dhafka AI ee howlgallada militariga ayaa kor u qaadaya walaacyo anshaxeed. Horumarinta hababka hubka ee iskeed u madax bannaan waxay keenaysaa waydiimo ku saabsan luminta xakamaynta bini'aadamka iyo suurtagalnimada adeegsi aan kala sooc lahayn (Boden et al., 2020). Horumarinta iyo adeegsiga hababka hubka ee iskeed u madax-bannaan, ee loo yaqaan "Robotka Dilaaga," waxay kor u qaadaysaa walaacyo anshaxeed oo muhiim ah. Nidaamyadan waxaa loogu talagalay inay ku shaqeeyaan iyada oo aan si toos ah u xakameynin bini'aadamka, taas oo dhalin karta su'aalo ku saabsan isla xisaabtanka, u hoggaansa-naanta sharciga caalamiga ah ee bani'aadamnimada, iyo suurtagalnimada isticmaalka/adeegsiga khaldan ama cawaaqibka aan la rabin. Isticmaalka/adeegsiga/wax u dirsashada AI ee codsiyada militariga ayaa kor u qaadaya su'aalaha ku saabsan mas'uuliyadda iyo la xisaabtanka. Yaa lagula xisaabtami karaa ficilada iyo go'aamada ay sameeyaan nidaamyada AI? Haddii nidaamka hubka madax-bannaan uu sameeyo khalad dilaa ah, yaa qaadaya mas'uuliyadda akhlaaqda iyo sharciga ee cawaaqibka ka dhalan karta? Samaynta khadad cad oo mas'uuliyad iyo isla xisaabtan ah ee hawlgallada millatari ee awood u leh AI waa caqabad anshaxeed oo socota.

Intaa waxaa dheer, khatarta AI ee amniga iyo nabad galyada waa bohol ku jir. Adeegsiga/Isticmaalka baahsan ee nidaamyada AI waxay keenaysaa ammaan iyo khataro gaar ah. Algorithms-yada AI waxay inta badan ku tiirsan yihiin tiro badan oo xog shakhsi ah, taasoo kor u qaadaysa welwelka ku saabsan jebinta xogta, ilaalinta aan la oggolayn, iyo xad-gudubyada sirta ah (Schmidt & Wagner, 2020). Nidaamyada AI waxay inta badan u baahan yihiin inay helaan tiro badan oo xog shakhsi ah si ay hawlahooda u gutaan. Tani waxay kor u qaadaysaa welwel badan oo ku qotoma sir, gaar ahaan haddii xogta aan si ammaan ah loo maarayn ama loo isticmaalin siyaabaha dadku aanay oggoleyn. Tignoolajiyada AI waxaa loo isticmaali karaa in lagu abuuro warbaahin macmal ah oo waaqici ah, oo ay ku jiraan fiidiyowyo been abuur ah oo qoto dheer ama maqal u muuqda kuwo run ah. Deepfakes, been cirraysatay, waxay awood u leedahay inay khiyaanayso oo ay jah wareeriso shakhsiyaadka, taasoo u horseedaysa saameyn halis ah oo ku saabsan amniga/nabad galyada, kalsoonida dadweynaha, iyo ololayaasha macluumaadka khaldan. Nidaamyada ilaalinta ee ku shaqeeya AI, sida aqoonsiga wejiga ama falanqaynta dabeecadda, waxay kor u qaadaan welwelka ku saabsan ilaalinta aan la ogolayn iyo duulaanka sirta ah.

Si kastaba ha noqotee, dajinta sharciyada, qawaaniinta ama nidaamyo cabbiraya, ayaa muhiim ah si loo yareeyo saameynta xun ee suurtagalka ah ee AI. Tallaabooyinka noocan oo kale ah waxaa ka mid ah shaqo beddelka Shaqaalaha iyo Barnaamijyada dib u Xirfadeynta. Dawladaha iyo warshaduhu waa inay hirgeliyaan barnaamijyo shaqo oo dhammaystiran iyo dib-u-shaqayn si loogu qalabeeyo shaqaalaha xirfadaha lagama maarmaanka u ah inay la qabsadaan isbeddelka suuqa shaqada. Tani waxay fududeyn doontaa u gudubka doorar cusub oo kaabaya tignoolajiyada AI, yaraynta saameynta xun ee barakaca shaqada (Madasha Dhaqaalaha Adduunka, 2020). Barnaamijyadani waxay sida caadiga ah ku lug leeyihiin hindiseyaal iyo siyaasado kala duwan kuwaas oo ujeedadoodu tahay in la fududeeyo kala-guurka shaqaalaha ee shaqooyinkoodu halista ugu jiraan automation. Ujeedada ugu muhiimsan ee barnaamijyada noocan oo kale ah waa in loo suurtageliyo shakhsiyaadka inay helaan xirfadaha iyo aqoonta loo baahan yahay si loo sugo fursadaha shaqo ee beddelka ah ama ay ugu guuleystaan waaxyo cusub oo aan u nuglayn automation. Tani waxay ku lug yeelan kartaa bixinta barnaamijyo tababar, waxbarasho xirfadeed, tababar shaqo, iyo adeegyo la-talin xirfadeed.

Cabbiraadda kale waa Tilmaamaha Anshaxa iyo Kormeerka. Sharci-dejiyeyaasha waa in ay dejiyaan habraacyo anshaxeed oo loogu talagalay horumarinta iyo geynta tignoolajiyada AI. Tilmaamahani waa inay wax ka qabtaan arrimaha ay ka midka yihiin daahfurnaanta, caddaaladda, isla xisaabtanka, iyo ka fogaanshaha eexda algorithms AI. Hay'adaha dawladda iyo hay'adaha sharciyaynta waa inay kormeeraan una hoggaansamaan tilmaamahan (Floridi et al., 2018). Tilmaamaha anshaxu waxay u adeegaan qaab qaabaysan si loo hubiyo in nidaamyada AI la horumariyo, la geeyo, oo loo isticmaalo si mas'uuliyad iyo anshax leh. Horumarinta habraacyada anshaxa waxay ku lug leedahay iskaashiga ka dhexeeya daneeyayaasha, oo ay ku jiraan siyaasad-dejiyeyaasha, cilmi-

148

baarayaasha AI, khubarada warshadaha, anshaxa, iyo ururada bulshada rayidka ah. Tilmaamahani waxay caadi ahaan bixiyaan talooyinka iyo hababka ugu wanaagsan ee lagu hago naqshadaynta, horumarinta, iyo isticmaalka hababka AI si looga hortago ama loo yareeyo saamaynta xun ee iman karta.

Intaa waxaa dheer, waa inuu jiraa Ilaalinta Xogta iyo Xeerarka Qarsoonaanta. Difaaca xogta adag sharciga iyo qawaaniinta Qarsoodigu waa lama huraan si loo ilaaliyo xuquuqda shakhsiyaadka xiligan AI da. Sharcigu waa in uu wax ka qabtaa walaacyadan iyada oo la xoojinayo tallaabooyinka ilaalinta xogta adag iyo hubinta isticmaalka xogta mas'uuliyadda leh. Koongareysku waa inuu dejiyaa xog ururin, kaydin, iyo xeerar cad oo awood u siinaya shakhsiyaadka inay gacanta ku hayaan xogtooda gaarka ah. Intaa waxaa dheer, hababka lagu helo ogolaanshaha la wargaliyay iyo dhaqan gelinta ganaaxyada jebinta xogta, taana waa in la sameeyaa (Guddiga Yurub, 2018). Xeerarku waa inay ku dhiirigeliyaan ururrada inay ururiyaan oo hayaan oo keliya xogta shakhsi ahaaneed ee lagama maarmaanka ah iyo kuwa khuseeya. Waa inay ka fogaadaan xog ururin xad-dhaaf ah ama aan kala sooc lahayn oo ay dejiyaan haynta xogta.

Sidoo kale, waa in uu jiraa Mamnuucida Takoorka Jinsiga. Sida (AI) ay u muuqato in ay sii wadaan inay horumaraan oo ay ku biiraan qaybo kala duwan ee ah dhan walba oo bulshadeena, walaac ayaa sidoo kale ka dhashay suurtagalnimada nidaamyada AI si ay u sii wadaan ama

149

uga sii daraan takoorka jinsiyadeed. Sidaa darteed, waa muhiim in la sameeyo sharci si cad u mamnuucaya takoorka jinsiyadeed ee nidaamyada AI. Tallaabooyinka noocan oo kale ah waxay xaqiijin karaan caddaaladda, sinnaanta, iyo ilaalinta xuquuqda aadanaha ee horumarinta, geynta, iyo isticmaalka tignoolajiyada AI. Sharciyadani waa inay si cad u qeexaan oo ay gartaan dhaqamada iyo dhaqan ku sheega ku dhisan takoorka, iyagoo qeexaya cawaaqibka ka dhalan kara ku xad-gudbida mamnuucista. Sharcigan waa in lagu dabaqaa nidaamyada AI ee loo isticmaalo qaybaha dadweynaha iyo kuwa gaarka loo leeyahay, isaga oo hubinaya ilaalinta dhammaystiran ee ka dhanka ah takoorka jinsiyadeed.

Gabagabadii, iyadoo AI ay keeneyso karti aad u weyn si ay si togan u beddesho nolosha aadanaha, waxay keeneysaa caqabado waaweyn. Tallaabooyin sharci-dejin ayaa lagama maarmaan u ah ilaalinta danaha aadanaha ee qaybaha sida shaqada, duulista, militariga, wax soo saarka, mashiinnada, iyo shaqada u baahan joogista. Iyada oo la adeegsanayo hirgelinta sharciga kor u qaadaya dhaqamada anshaxa, hubinta amniga shaqada, iyo ilaalinta sirta, bulshadu waxay ka faa'iidaysan kartaa faa'iidooyinka AI iyadoo la yareynayo saameynteeda xun.

Best Artificial Intelligence Movies

A.I. Artificial Intelligence

EX Machina

Minority Report

150

Cryptocurrency

Suuqaan lagu magacaabo Cryptocurrency waa suuq hada jirsaday toban iyo laba sano, kadib aas aasiddii Bitcoin. Suuqu waa suuq aad u qatar badan marka ay timaado maal gashiga iyo Trade gareenta labadaba. Waxa uu kaga gadisan yahay Stock markeka waxaa weeye, marka hore shirkadaha ku jira suuqaan waxay u kala baxaan dhowr nuuc. Nuuca ugu horeeya ayaa ah shirkado cusub oo xafiis hal ama labaa leh oo soo saaray program ay ku taamayaan in ay dunida gaarsiiyaan. Nuuca kale waxaa weeye dad aan lahayn wax xafiis ah sheeganaya in ay iyaguna hayaan howl u roon dadka iyo aduunka. Kuwa saddexaad oo waxaa jira xafiisna lahayn waxna haysan ee dadka in ay dhacaan qorshohoodu yahay. Suuqaan wuxuu aad u galay aduunka sanadkii 2017 bishii ugu danbeeysay iyo bishii koobaad ee 2018 kadib markii uu gaaray aduun dhan 850 Bilyan oo doolar. Isla sanadkii 2018 bishii ugu danbeeysay wuxuu gaaray 110 Bilyan waxa uuna dhumiyay 740 bilyan oo doolar oo dad badani ku hanti beeleen. Masii taagnaan karaa suuqu mase wuu baa bi'i doonaa waa hadalka mar walbo taagan oo dadka suuqaan ku xeelka dheer ay is waydiiyaan mar walbo. Laakiin ogaanshaha in uu jiro suuq nuucaan ah waa arin aad u wanaagsan Trade gareeyntuna waa wax aad isku dayi karto kana faa iidaysan karto hadii aad rabto in aad noqoto qof ka war doona wax walba oo markaa cusub. Waxaan hadal ka taagneen jiritaanka aalada ay adeegsadaan oo ah Blockchainka in uu ahaan doono tiknooloji jira waliba dunida wax badan ka badali kara balse suuqa sii socodkiisa waxey ku xiran tahay in dowladaha aduunka ay ogolaadaan adeega nuucaan ah iyo wax tarkiisa. Blockchainka si aad u fahanto, waxaad sameeysaa baaritaan dheer. Baaritaankaa, ayaa kugu caawin doona in aad ka ogaato wax badan o dahson.

Coinbase.com, Binance.com, Kucoin.com, Hitbtc.com

Pageka laga helo shirkadaha kala duwan

<u>Coinmarketcap.com</u>

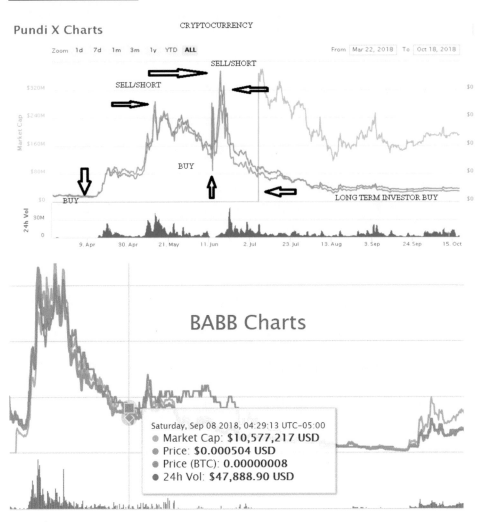

152

Works Cited

Bambara, Joseph, Paul Allen. *Blockchain: A Practical Guide to Developing Business, Law, and Technology Solutions.* McGraw-Hill Education, 2018.

Bheemaiah, Kariappa. *The Blockchain Alternative: Rethinking Macroeconomic Policy and Economic Theory.* Apress, 2017.

Bolin, Kelsey. "Decentralized Public Ledger Systems and Securities Law: New Applications of Blockchain Technology and the Revitalization of Sections 11 and 12(a) (2) of the Securities act of 1933." *Washington University Law Review*, vol. 95, no. 4, 2018, p. 955+. *Opposing Viewpoints in Context,* http://0-link.gale-group.com.librus.hccs.edu/apps/doc/A534487932/OVIC?u=txshracd2512&sid=OVIC&xid=8d1a0d6d. Accessed 14 Nov. 2018.

Drescher, Daniel. *Blockchain Basics: A Non-Technical Introduction in 25 Steps.* Apress, 2017.

Juels, Ari. ″The Technology Behind Bitcoin Is Just as Revolutionary as Bitcoin Itself.″ Gale, 2018. *Opposing Viewpoints in Context,*
Tim Sykes, Buying and Dip, Steven Dux, Short Selling, strategies.

Boden, M., Bryson, J., Caldwell, D., Dautenhahn, K., Edwards, L., Kember, S., ... & Whitby, B. (2020). Principles of robotics. In S. B. Siciliano & O. Khatib (Eds.), Handbook of Robotics (pp. 1-20). Springer.

Brynjolfsson, E., & McAfee, A. (2017). The business of artificial intelligence. Harvard Business Review, 95(1), 60-70.

Dwivedi, Y. K., Hughes, D. L., Coombs, C., Constantiou, I. D., Duan, Y., Edwards, J. S., ... & Upadhyay, N. (2021). Impact of artificial intelligence on labor. Information Systems Frontiers, 1-23.

European Commission. (2018). General Data Protection Regulation (GDPR). Retrieved from https://gdpr.eu/.

Floridi, L., Cowls, J., Beltrametti, M., Chatila, R., Chazerand, P., Dignum, V., ... & Luetge, C. (2018). AI4People—An ethical framework for a good AI society: Opportunities, risks, principles, and recommendations. Minds and Machines, 28(4), 689-707.

Gubrud, M. (2020). Autonomous weapon systems and artificial intelligence. In T. C. Besley & C. W. Morris (Eds.), The Palgrave Handbook of Philosophy and Public Policy (pp. 301–316). Palgrave Macmillan.

Günther, J., Bormann, D., Krömker, H., Krempel, E., & Strackenbrock, B. (2021). Machine learning in aviation. In B. Kusiak (Ed.),

Machine Learning in Manufacturing, Transport, and Aerospace (pp. 65-82). Springer.

Schmidt, E., & Wagner, M. (2020). The era of data Privacy has only just begun. Foreign Affairs, 99(1), 197-204.

World Economic Forum. (2020). The Future of Jobs Report 2020. Retrieved from https://www.weforum.org/reports/the-future-of-jobs-report-2020

Yaghoubi, M. A., Seifi, A., Fakhim, B., & Menhaj, M. B. (2020). Artificial intelligence and automation in the manufacturing industry: A systematic review. Computers in Industry, 123, 103310.

Disclaimer

The information in this book is only for educational purposes. It is your decision if you want an investment or trade stocks.

Iftiimin

Buugaan waxaa loogu tala galay oo kaliya aqoon kororsi. Wixii maal gashi ama trade ah adiga ayey kugu xiran tahay.

Sharmake S Ibrahim

Dhamaad

Stock Market Portfolio Investment

Stock Ticker	Win/Loss	Stock Ticker	Win/Loss
NVDA	WIN	BAC	WIN
AMZN	WIN	SNAP	WIN
AMD	WIN	CRUS	WIN
AAPL	WIN	CNP	LOSS
MNST	WIN	AMD	WIN
TSLA	WIN	JPM	WIN
BABA	WIN	COP	WIN
CRUS	WIN	EBAY	WIN
TWTR	WIN	CUTR	LOSS
SHW	WIN	FEYE	WIN
CSIQ	WIN	BBY	WIN
YEXT	WIN	CDR	WIN
ACTA	LOSS	ACLS	WIN
QD	LOSS	WBA	WIN
WEN	WIN	SQ	WIN
WTR	LOSS	AMTD	LOSS
ADOM	LOSS	INUV	WIN
SGRB	WIN	FB	WIN
CL	WIN	MCD	WIN
PSA	WIN	HD	WIN
GNC	LOSS	WYNN	WIN
MON	LOSS	LMNR	WIN
SYY	WIN	SIRI	WIN
TGT	WIN	UPS	WIN
T	LOSS	CF	WIN
MSFT	WIN	KO	WIN
AGU	WIN	MOS	WIN
CMCSA	WIN	FSLR	WIN
CAJ	LOSS	ADM	WIN
RDSA	WIN	DD	WIN
FMC	WIN	TSLA	WIN
AAMC	LOSS	BABA	WIN
ACIA	WIN	CDR	WIN
GM	WIN	AAL	WIN
CSCO	WIN	ABBV	WIN
HD	WIN	ETE	WIN
ACAD	WIN	SMMT	WIN

Cryptocurrency Portfolio Investment

COIN SYMBOL	WIN/LOSS/MODER-ATE	COIN SYM-BOL	WIN/LOSS/MODERATE
NPXS/NPX	WIN	FUEL	MODERATE
BAX	LOSS	POE	MODERATE
SNTR	MODERATE	THETA	WIN
NCASH	LOSS	BANCA	WIN
MTC	WIN	XEM	WIN
STORM	WIN	POA	WIN
CND	MODERATE	XVG	MODERATE
DNT	WIN	SNT	MODERATE
TNB	MODERATE	IOST	WIN
KEY	WIN	TKY	MODERATE
TFD	WIN	SC	WIN
NEXO	WIN	OPEN	MODERATE
SOUL	WIN	GO	WIN
RCN	WIN	MANA	WIN
DBC	MODERATE	HMQ	MODERATE
FLIXX	MODERATE	UTK	WIN
YOYO	MODERATE	INK	MODERATE
PHX	MODERATE	SRN	WIN
XLM	WIN	BTC	WIN
REQ	WIN	ADSI	LOSS
ACU	LOSS	GRAY	LOSS
GIF	LOSS	BTT	WIN
VITC	LOSS	EDN	MODERATE
ETN	WIN	SNM	WIN
FRV	LOSS	QKC	LOSS
FXY	MODERATE	TFUEL	WIN
FUN	MODERATE	OCN	WIN
MTH	MODERATE	ENJ	WIN

DATA	WIN	ZCO	WIN
ADA	WIN	IOTX	WIN
DROP	LOSS	IDEX	LOSS
BTS	MODERATE	TRAC	WIN
XRP	WIN	ZNT	LOSS
CDT	MODERATE	WPR	MODERATE
MTN	MODERATE	TRX	WIN
HER	LOSS	QSP	MODERATE
PAI	LOSS	DOCK	WIN
DGB	WIN	DENT	WIN
CMT	MODERATE	ETH	WIN
ZIL	WIN	LEND	MODERATE
HGT	MODERATE	LND	MODERATE
BEZ	LOSS	VIB	WIN
MEDX	LOSS	STQ	MODERATE
LYM	WIN	XYO	MODERATE
LOOM	WIN	LTC	WIN
BNB	WIN	GTO	MODERATE
CVC	WIN	POLY	WIN
SUB	MODERATE	POWR	WIN
HOT	WIN	BAT	WIN
VET	WIN	VTHO	WIN
GLM	WIN	DOGE & MFT	WIN

Symbol	Bought	Sold	Profit/Loss	Net profit
ABIO	600	600	($384.00)	($384.13)
ACIA	400	400	$187.00	$186.39
ADMA	200	200	$50.02	$49.97
ADNT	2200	2200	$208.21	$206.86
ADVM	1200	1200	($45.00)	($45.42)
AGRX	400	400	$59.67	$59.59
AIHS	1200	1200	$268.00	$267.81
AKRX	1800	1800	$122.20	$121.81
AKTS	800	800	$12.00	$11.76
AKTX	1000	1000	$265.00	$264.80
ALDX	200	200	$30.00	$29.93
ALT	300	300	$23.00	$22.94
AMD	18606	18606	($2,762.85)	($2,772.26)
AMRH	300	300	$97.00	$96.94
AMRN	11400	11400	($393.93)	($400.67)
AMRS	3200	3200	$188.94	$188.27
APOP	2000	2000	$490.30	$489.90
AQ	400	400	$32.00	$31.84
AQB	200	200	$40.00	$39.95
AQST	1100	1100	$418.00	$417.64
ARAV	2400	2400	$1,870.60	$1,869.15
ARQL	11825	11825	$208.92	$205.24
ARTX	200	200	$0.00	($0.05)
ASLN	300	300	$106.00	$105.91
ASRT	950	950	$104.00	$103.29
ASUR	800	800	$252.00	$251.76
ATAI	3000	3000	$506.96	$506.40
ATNX	200	200	$6.00	$5.91
ATOS	1687	1687	$180.14	$179.79
AVGR	200	200	$18.00	$17.96
AVYA	8986	8986	($1,218.70)	($1,222.10)
AWSM	400	400	$106.00	$105.92
AXGT	300	300	$136.50	$136.41

AXSM	2506	2506	$377.31	$375.65
BGFV	200	200	$24.00	$23.96
BLRX	1650	1650	$351.98	$351.64
BNGO	6766	6766	($913.81)	($915.08)
BOXL	400	400	($1.00)	($1.07)
CANF	3000	3000	$1,111.50	$1,110.75
CAPR	39691	39691	($2,991.08)	($3,001.76)
CHMA	1100	1100	$111.00	$110.67
CLRB	600	600	$37.00	$36.88
CLVS	3752	3752	$353.60	$352.50
CODX	400	400	$141.50	$141.43
CPE	200	200	$4.02	$3.95
CPRX	1400	1400	$128.33	$128.03
CRC	774	774	$125.76	$125.52
DERM	6100	6100	$336.00	$334.15
DLTH	5000	5000	$472.79	$470.72
DOVA	3200	3200	($576.95)	($578.45)
DRIP	400	400	($128.00)	($128.15)
DVAX	3100	3100	$115.21	$114.34
DWT	600	600	$58.04	$57.88
ENFC	200	200	$2.00	$1.84
ENG	800	800	$48.00	$47.88
EROS	1400	1400	$269.97	$269.65
ESV	600	600	$60.04	$59.80
EYEG	1100	1100	$438.93	$438.39
FCSC	1400	1400	$179.00	$178.74
FFHL	500	500	$170.00	$169.86
FPAY	300	300	$57.00	$56.93
FRAN	4000	4000	$106.29	$105.38
FRSH	400	400	($6.00)	($6.09)
GE	200	200	$12.00	$11.92
GEMP	200	200	$40.00	$39.96
GLG	1700	1700	$161.60	$161.31
GOGO	600	600	$110.02	$109.87

GUSH	400	400	$64.00	$63.84
HEPA	3400	3400	$641.50	$640.65
HSDT	1300	1300	$277.00	$276.78
IFRX	1400	1400	$308.00	$307.71
IGC	900	900	$66.00	$65.84
IMRN	600	600	$148.17	$148.04
INNT	1200	1200	$170.00	$169.78
IOVA	1200	1200	$124.00	$123.47
ISEE	850	850	$134.35	$134.16
JNUG	400	400	($444.00)	($444.75)
KEG	183	183	$39.05	$38.99
KEYW	200	200	$4.02	$3.94
KPTI	5253	5253	$119.75	$118.03
KTOV	400	400	$36.00	$35.93
LPI	1000	1000	$76.14	$75.95
MBRX	12200	12200	($2,188.50)	($2,190.37)
MDGS	200	200	$82.00	$81.95
MDR	18800	18800	($1,297.22)	($1,303.12)
MEET	600	600	($48.00)	($48.13)
MGI	450	450	$34.50	$34.40
MIRM	7500	7500	($16,666.15)	($16,669.84)
MLNT	2200	2200	$311.52	$310.90
MNK	600	600	$81.50	$81.38
MRNS	1000	1000	$128.00	$127.83
MTDR	1200	1200	$31.00	$30.33
MTP	800	800	$90.50	$90.35
NAVB	200	200	$41.00	$40.56
NBEV	2000	2000	$294.00	$293.50
NBY	100	100	$2.00	$1.97
NCTY	500	500	($24.00)	($24.08)
NERV	4410	4410	$412.01	$410.79
NNDM	1200	1200	$212.00	$211.75
NTRA	400	400	$28.00	$27.84

Printed in France by Amazon
Brétigny-sur-Orge, FR

20852122R00094